Serie de Teoría Jurídica y Filosofía del Derecho N.º 84

El derecho: diagramas conceptuales

Moreso, José Juan

   El derecho : diagramas conceptuales / J. J. Moreso. - Bogotá: Universidad Externado de Colombia. 2017.
   268 páginas; 16,5 cm. (Teoría Jurídica y Filosofía del Derecho ; 84)

Incluye referencias bibliográficas.

ISBN: 9789587727043

1. Teoría del derecho 2. Argumentación jurídica 3. Interpretación del derecho 4. Positivismo jurídico I. Universidad Externado de Colombia II. Título III. Serie

340.1   SCDD 15

Catalogación en la fuente -- Universidad Externado de Colombia. Biblioteca. EAP.

                                                          Abril de 2017

J. J. MORESO

Catedrático de Filosofía del Derecho
Universidad Pompeu Fabra, Barcelona
josejuan.moreso@upf.edu

El derecho:
diagramas conceptuales

Universidad Externado de Colombia

Serie orientada por Carlos Bernal Pulido

ISBN 978-958-772-704-3

© 2017, J. J. MORESO
© 2017, UNIVERSIDAD EXTERNADO DE COLOMBIA
   Calle 12 n.º 1-17 este, Bogotá
   Tel. (57-1) 342 0288
   publicaciones@uexternado.edu.co
   www.uexternado.edu.co

Primera edición: abril de 2017

Imagen de cubierta: Kazimir Malevich, *Cuadrilátero y circulo, 1915*. Museo de
Arte de Harvard, Cambridge, Massachusetts.
Diseño de cubierta: Departamento de Publicaciones
Composición: Precolombi-David Reyes

¿Y las rosas? Pestañas
cerradas: horizonte
final. ¿Acaso nada?
Pero quedan los nombres.

JORGE GUILLÉN
"Los nombres", *Cántico.*

*Para todos mis amigos colombianos,
con el firme deseo de que alcancen
la paz anunciada.*

CONTENIDO

Contentido   13

.

PREFACIO

En los últimos años la mayoría de mis trabajos han estado dedicados a una cuestión sustantiva: los problemas que suscita la aplicación del derecho, la aplicación de pautas generales a casos individuales y, en especial, las cuestiones referidas a la aplicación de la Constitución[1]. Sin embargo, durante estos años también he publicado algunos trabajos de carácter metodológico, que procuran suministrar un espacio conceptual para acomodar las tesis de carácter sustantivo. Se trata de elaborar un concepto de derecho, y de dar cuenta de sus relaciones con la moralidad, que acoja la posibilidad de que la aplicación del derecho sea un espacio en donde la moralidad y el derecho se entrecrucen.

Gracias a la inmensa generosidad de mi colega y amigo, el profesor Carlos Bernal Pulido y de la magnífica labor editorial de la Universidad del Externado

---

1   Véase, por ejemplo –dejo los artículos de revista aparte–, los libros MORESO, J. J., *La Constitución: modelo para armar* (Madrid: Marcial Pons, 2009); MORESO, J. J., PRIETO SANCHÍS, L. & FERRER BELTRÁN, J., *Los desacuerdos en el Derecho* (Madrid: Fundación Coloquio Jurídico Europeo, 2010), y J. J. MORESO, *Ethica more iuridico incorporata* (México: Fontamara, 2013).

de Colombia (Bogotá), tengo ahora la oportunidad
de presentar estas reflexiones, dispersas en revistas
y volúmenes colectivos varios, en un modo unitario,
en un libro.

He decidido llamarlo *El derecho: diagramas conceptuales*, porque se trata de esto. Se trata de dibujar,
esbozar, explorar vías metodológicas diversas con
el fin de construir una casa habitable para una teoría
jurídica que dé cuenta de los problemas que discu-
timos en las aulas de las Facultades de Derecho de
todo el mundo, en el foro y en el espacio público. Es
decir, si la Constitución (por ejemplo la de los Estados Unidos) ampara el matrimonio entre personas
del mismo sexo, si la Constitución (española en este
caso) es compatible con la prisión perpetua o con la
celebración de un referéndum consultivo sobre la
secesión de Cataluña dirigido sólo a los catalanes, o
si la Constitución (colombiana esta vez) es compatible con determinadas medidas de carácter penal y
procesal que forman parte de los acuerdos de paz
de La Habana.

Los trabajos tienen diversas procedencias. Los
recuerdo aquí en el orden cronológico en que fueron publicados. El primero, que aparece como capítulo 5, salió en la revista *Doxa*[2], es mi contribución
al XIV Congreso hispano-italiano-francés (y ahora
luso) de Teoría del Derecho, que tuvo lugar en

---

2   "Teoría del Derecho y neutralidad valorativa". *Doxa*, 31 (2008):
     178-200.

Oñati en octubre de 2007. Mi agradecimiento para
todos los participantes de la discusión que siguió a
su presentación y, en especial, a su organizador el
profesor Xoserramon Bengoetxea. El segundo, que
aparece como capítulo 6, fue presentado en un seminario sobre democracia constitucional en febrero
de 2011 en la Universidad de Torino, gracias a una
amable invitación del profesor Michelangelo Bovero,
y al que siguió una viva discusión, propiciada por la
inteligente réplica de la profesora Patricia Mindus, y
que publicó la revista *Teoria Politica*[3]; dos evaluadores
anónimos de la revista hicieron inteligentes comentarios que tomé en cuenta. Le siguen tres trabajos
publicados en 2015. El tercero, que aparece como
capítulo 2, fue mi participación a un homenaje al recuerdo del profesor Carlos S. Nino, que le tributó la
revista argentina *Análisis Filosófico*[4]. El Dr. Sebastián
Agüero y un evaluador anónimo de la publicación
me ayudaron mucho a mejorar mi argumento. El
cuarto, que aparece como capítulo 3, constituye mi
contribución al homenaje al profesor Andrés Ollero,
al que fui amablemente invitado por sus editores, los
profesores C. Hermida y J. A. Santos[5], y fue discutido

---

3   "Positivismo jurídico, relativismo moral y liberalismo político".
    Teoría política (2012): 103-110.

4   "Nino y Dworkin sobre los conceptos de Derecho". *Análisis
    Filosófico*, 35 (1) (2015): 111-131.

5   "¿Sobre seis posibles conexiones necesarias entre el derecho y
    la moral". En C. HERMIDA, J. A. SANTOS (coord.), *Una filosofía
    del derecho en acción. Homenaje al profesor Andrés Ollero* (Madrid:

en un seminario en mi Universidad Pompeu Fabra de
Barcelona en febrero de 2014. A mis queridos colegas
quedo, como siempre, muy agradecido. El quinto,
que es en este libro el capítulo 4, es mi aportación a
la voz "Positivismo jurídico contemporáneo" de la
Enciclopedia de teoría y filosofía jurídicas que edi-
tan en la UNAM[6] los doctores Jorge Fabra y Álvaro
Núñez. Ancestros (a veces sólo partes) de este texto
fueron presentados en diversas audiencias, como la
Nino Lecture en septiembre de 2012 en la Universidad
de Buenos Aires, las lecciones de la *Cátedra Ernesto
Garzón Valdés* en México en noviembre de 2012 y en
un seminario en la Università Federico II de Nápoles
en octubre de 2013. A todas estas audiencias quedo
agradecido y, en especial, a los profesores Marce-
lo Alegre, Roberto Gargarella, Pau Luque, María
Cristina Redondo y Rodolfo Vázquez, discutidores
y, a menudo, anfitriones en estos lugares. El sexto y
último es un texto todavía inédito, que está incluido
como capítulo 1[7], que me pidieron para un homenaje al profesor Genaro R. Carrió los editores de la
revista argentina *Análisis Filosófico*.

Congreso de los Diputados / Universidad Rey Juan Carlos,
2015): 67-82.

6   Moreso, J. J. "El positivismo jurídico contemporáneo". En
Jorge L. Fabra Zamora & Álvaro Núñez (Eds.), *Enciclopedia
de Teoría y Filosofía del Derecho*, vol. I (México: UNAM, 2015):
cap. 4.

7   "Retrato de un debate: Carrió y Nino (con Dowrkin al fondo)".

Mi agradecimiento se extiende a las editoriales de estas publicaciones que autorizan su inclusión en este libro, al Ministerio español de Economía y Competitividad y a la AGAUR de la Generalitat de Cataluña por la ayuda financiera para los proyectos de investigación DER 2013-48066-C2-1-R y SGR 626. 2014-2, respectivamente.

He visitado en dos ocasiones la Universidad Externado de Colombia en Bogotá, y siempre he hallado una combinación afortunada de rigor intelectual y cercanía personal. Por dicha razón, que el libro aparezca entre sus publicaciones, agradecidamente, me enorgullece.

J. J. Moreso
L'Espigoler, Tortosa, febrero de 2017.

RETRATO DE UN DEBATE: CARRIÓ Y NINO
(CON DWORKIN AL FONDO)

> *Legality promotes accuracy if official facts are*
> *more likely to be wise or just if they are governed by*
> *established standards than if they represent merely*
> *the contemporary judgment of some official*
> *what would be just or wise.*
>
> RONALD DWORKIN (2006: 172-173).

1. INTRODUCCIÓN

Quiero comenzar diciendo que me alegra sobre-
manera participar en este homenaje tan merecido
a Genaro Carrió. Lo conocí en mi primera visita a
Buenos Aires, para una estancia de investigación en
el invierno austral de 1990. Andaba ya algo enfermo
y no salía mucho de casa, pero ese día se celebraba,
con un asado, la concesión de una ayuda importante
al *Centro de Estudios Institucionales*, que Carrió presi-
día y Nino dirigía. Enterado, por Eugenio Bulygin,
de que había un joven español entre los asistentes
a la cena, con la amabilidad y afecto que lo caracte-
rizaba, quiso que me sentara a su lado y me estuvo

preguntando cosas de los amigos españoles, de la
política española, y contando cosas de la situación
en Argentina (eran los primeros meses de la presidencia de Menem y Carrió había renunciado hacía
algunos años a la presidencia de la Corte Suprema).
De hecho, al menos eso me dijo esa noche, él atribuía
su enfermedad a las fuertes presiones a las que había sido sometido en dicho relevante cargo. Quiso
acompañarme, después, en su taxi hasta mi hotel.
Fue, para mí, una conversación inolvidable.

Ya nunca más volví a coincidir con él. Aunque
contaré otra anécdota de la que él fue, de un modo
indirecto, protagonista. Unos pocos años después, en
una estancia de investigación en Oxford, me encontré
en una librería de viejo, con un ejemplar de su libro
El recurso extraordinario por sentencia arbitraria (1967)
y al hojearlo me di cuenta de que era el ejemplar que
Carrió había dedicado a la viuda del filósofo John
Austin, haciendo constar que ese libro se valía de la
filosofía del lenguaje de Austin, entonces en boga en
los círculos oxonienses. Lo adquirí por unas pocas
libras y lo guardo como un tesoro en mi biblioteca.

Voy a dedicar mi contribución a reconsiderar la
polémica que Genaro R. Carrió y Carlos S. Nino
mantuvieron acerca del positivismo jurídico en la
primera mitad de la década de 1980, mientras en
Argentina terminaba la dictadura militar y comenzaba la democracia de la que ellos fueron protago-
nistas destacados (ya dije que Carrió fue el primer
presidente de la Corte Suprema de la democracia
y Nino fue asesor para los derechos humanos del

presidente Raúl Alfonsín, como es sabido). Dicha polémica trae, en realidad, su causa del modo en que los dos iusfilósofos argentinos habían reaccionado a la poderosa crítica de Dworkin (1967, 1977) al positivismo jurídico hartiano. Carrió, tempranamente (Carrió, 1970, 1990a), escribió sobre ello una importante contribución y, más tarde, publicó otro importante estudio sobre la teoría jurídica dworkiniana (Carrió, 1979-1980, 1980, 1990b). Nino, por su parte, publicó –en la prestigiosa revista *Mind* (Nino, 1980, 1985a)– un estudio relevante. Es este estudio el que critica Carrió (1983, 1990c), y al que replica Nino (1985c)[1].

Sin embargo, Nino moriría tempranamente en 1993 y Carrió ya nada publicaría entre 1990 y su muerte en 1997. Por esta razón, ninguno de ambos tuvo la posibilidad de leer el *Postscript* a *The Concept of Law* (1994) de H. L. A. Hart y la literatura que esta contribución ha generado. Creo que de conocer esta contribución habría sido más claro que, en el trasfondo de la polémica entre ambos, había dos aspectos defendidos por Carrió que han sido y son muy relevantes.

El primero, claramente intuido por Carrió, es la defensa de lo que después se ha conocido como positivismo jurídico incluyente y que en el primer trabajo de Carrió (1970, 1990a) aparece ya vindicado. Una

---

1 Una buena guía para orientarse en este laberinto es ROCA (2005: 138-161).

vindicación que Dworkin reconoce cuando publica *Taking Rights Seriously* (1977) y dedica el capítulo 3, "The Model of Rules ii", a contestar las críticas que su trabajo de 1967 había suscitado, entre ellas las del propio Carrió[2].

El segundo, que considero implícito en Carrió, es una defensa de lo que ahora se denomina *positivismo jurídico normativo*. Como veremos, Carrió creyó siempre defender la actitud positivista encarnada en lo que Bobbio (1965) denominó el positivismo jurídico como *enfoque metódico* (*approach*), es decir la clara distinción entre describir el derecho tal y como es y el derecho tal y como debe ser. Y como corolario de ello, por lo tanto, que la validez jurídica de una norma no depende necesariamente de su validez moral. Esta había sido la tesis central defendida por Hart (1958). Se corresponde con lo que podemos denominar *el espíritu de Bellagio*[3].

En mi opinión, el espíritu de Bellagio encerraba dos tesis acerca de la relación entre el derecho y la moral, una referida a la elucidación de la naturaleza del derecho y la otra referida a la identificación del

---

2   Abeledo-Perrot publicó una versión inglesa en 1971 de Carrió, 1970.

3   Refiere a un encuentro en Bellagio entre filósofos del derecho italianos y anglosajones, liderados por Norberto Bobbio y H. L. A. Hart. No se publicaron las actas de este encuentro, pero puede verse un resumen de dos autores norteamericanos presentes en Bellagio (Falk & Shuman, 1961).

contenido del derecho. Dos tesis que pueden ser presentadas del siguiente modo[4]:

> [*Tesis I de Bellagio*]: La explicación conceptual de la naturaleza del derecho es una tarea descriptiva y para llevarla a cabo no hace falta recurrir ni a consideraciones valorativas ni a argumentos morales.

> [*Tesis II de Bellagio*] La determinación del contenido del derecho, de aquello que el derecho requiere, depende únicamente de determinados hechos sociales, y dicho contenido puede ser aplicado sin recurrir ni a consideraciones valorativas ni a la argumentación moral.

A partir de estas tesis, en el apartado segundo trataré de mostrar que Carrió siempre mantuvo la primera de ellas, pero tempranamente abandonó la segunda; y también mostraré cómo el rechazo de la segunda tesis es suficiente para que el positivismo de cuenta de la primera crítica dworkiniana al positivismo jurídico (Dworkin, 1967, 1977), pero es insuficiente para dar cuenta de la segunda crítica dworkiniana, que se centra en la primera tesis (Dworkin, 1986, 2006, 2011). En el tercer apartado, conjeturo que Nino abandona la primera tesis, pero no es claro para mí en qué medida rechaza la segunda. En el cuarto, argüiré que para hacer comprensible la crítica de Carrió a Nino es preciso suponer que la concepción

---

4   Y así las presenté en MORESO (2008).

de Carrió del positivismo jurídico ha de cuestionar
también la primera tesis de Bellagio y me valdré de
Dworkin (2006) para mostrar cómo podría hacerlo.
En el quinto apartado, concluiré.

2. CARRIÓ Y LA ACTITUD POSITIVISTA

Antes de describir la posición de Carrió y dado que
cuando él mismo comienza su primera respuesta a
la crítica dworkiniana de Hart (Carrió, 1970, 1990a),
usa el ejemplo de las reglas del fútbol para explicar
cómo una pauta como la llamada "ley de la ventaja"
puede formar parte del juego del fútbol sin contar con
ningún *pedigrí*, es decir, sin que ninguna autoridad
deportiva la formulara previamente; yo me valdré
de otro ejemplo (ya presentado en Moreso, 2008).

Pensemos en una práctica social más simple que
el derecho. Pensamos en la práctica convencional
de guardar la cola para comprar la entrada para el
cine, para el teatro, para subir al autobús. Se trata
de una práctica convencional y contingente, pero
una vez establecida genera deberes y derechos a sus
participantes, dicho ahora brevemente: el deber de
aguardar a que obtenga su entrada o billete aquél que
nos precede en la cola y el derecho a obtenerlo antes
que el que nos sucede en la cola. Sin embargo, como
se trata de una práctica convencional, no está escrito
que todos los conflictos que pueden plantearse en lo
que concierne a guardar la cola tengan una clara y
unívoca solución en estas reglas tan simples. Pensemos en la cuestión siguiente: ¿puede alguien guardar

el turno por él y por otra persona que va con él, su pareja, su hija, su madre, su amigo? Parece que la práctica ha evolucionado de modo que se considera permitido este comportamiento. Claro que tal vez no siempre, si es la cola del autobús, quedan pocos lugares, y alguien pretende que diez amigos suyos están representados por él, entonces sería posible que los que siguen en la cola no lo vieran tan claro. Acaso podría decirse que mientras la pauta de que debo ceder la primacía al que me precede en la cola funciona como una *regla*, una pauta (casi) concluyente en esta práctica, en cambio la pauta de que una persona en la cola puede guardar el turno por algunos de sus allegados funciona como un *principio*, una razón –que inclina la balanza en una dirección– que puede ser derrotada por otras razones; al fin y al cabo son imaginables colas en donde esta práctica esté totalmente excluida.

Pensemos en un caso algo más controvertible todavía: ¿puede venderse, a cambio de dinero o especie, la posición en la cola? Nada en las reglas referidas lo prohíbe, nada tampoco lo permite. Cuando en algunas ocasiones he planteado este problema a mis estudiantes de Derecho, acostumbran a dividirse más o menos por la mitad. Pero también aquí puede argüirse que la práctica puede evolucionar de tal modo que acepte esta situación, al menos en algunos casos no problemáticos, y ahora tengamos una pauta nueva, que también funciona como un principio, en el sentido de que, en determinadas circunstancias, está permitido vender el puesto en la cola.

Pues bien, esta es precisamente la respuesta de Carrió a la crítica de Dworkin. Por un lado, tenemos principios como la pauta que permite guardar el turno por un allegado, que Carrió denomina principios1 (Carrió, 1990a: 214):

> [...] los principios jurídicos son pautas de segundo nivel, análogas a la ley de la ventaja de fútbol, que indican cómo deben entenderse, aplicarse, y, a veces, complementarse las reglas de primer grado. De aquí en adelante llamaré a estos 'Principios1'.

Por otro lado, tenemos pautas que funcionan como la que autoriza a vender el puesto en la cola (Carrió, 1990a: 214-215):

> [...] los principios jurídicos son los propósitos, objetivos, metas o *policies* de una regla o conjunto de reglas del sistema, ciertas exigencias fundamentales de justicia y moral positivas y ciertas máximas o piezas de sabiduría tradicional. Aquí introduciré un elemento provisional de legislación, por así decir, y para pensar con mayor claridad, agregaré el requisito de que estos principios no sean 'principios1'. Los llamaré 'Principios2'.

Y, entonces, esta es la respuesta de Carrió (1990a: 228 o 1990b: 354, de donde se extrae el pasaje que se incluye a continuación) a la objeción de Dworkin:

> Nada en el concepto de 'reglas de reconocimiento' obsta, en consecuencia, para que aceptemos el hecho

de que los criterios efectivamente usados por los jueces para identificar las reglas subordinadas del sistema puedan incluir referencias al contenido de estas. Puede ocurrir que, en una comunidad dada, las únicas costumbres consideradas jurídicas o jurídicamente obligatorias sean aquellas compatibles con las exigencias de la moral. O bien, los jueces pueden aceptar como válidas sólo aquellas leyes que, además de haber sido correctamente aprobadas por un cuerpo con competencia para ello, no violen un catálogo escrito de derechos y libertades individuales.

Esta es la respuesta de Hart, y de muchos otros[5], a la crítica de Dworkin. Hart (1994: 263), aun reconociendo no haber prestado la atención que merecía el lugar (de los principios jurídicos) en el razonamiento jurídico y que ciertamente fue "un error serio por mi parte no haber subrayado su fuerza no-concluyente", añade: "Ciertamente no pretendo que, dado mi uso de la palabra 'regla', los sistemas jurídicos comprendan únicamente estándares 'todo o nada' o reglas casi concluyentes".

Un modo de tomar en cuenta este punto de vista, que es el que adopta Hart en el *Postscript* (Hart, 1994), es sostener que la regla de reconocimiento (los hechos

---

5 Con énfasis y alcances diversos (objeto de la réplica dworkiniana en "The Model of Rules II", DWORKIN, 1977: cap. 3 y en "A Reply to Critics", apéndice a DWORKIN, 1978), por ejemplo, SARTORIUS (1971), RAZ (1972), GREENAWALT (1975), LYONS (1977) y SOPER (1977).

sociales) pueda remitir a la aplicación de pautas morales. Ello puede realizarse de dos modos, que han sido desarrollados en la literatura de los últimos veinte años, o bien arguyendo que en estos casos el derecho remite a la discreción de los jueces, para que creen, adapten o modifiquen el derecho de acuerdo con la moralidad, lo que se conoce como positivismo jurídico *excluyente*;[6] o bien arguyendo que en dichos casos el derecho *incorpora* esas pautas morales como partes integrantes de su contenido, como defiende el positivismo jurídico *incluyente*[7]. La segunda posición es la que parece que asumen Hart y Carrió. Hart en el *Postscript* adopta lo que denomina *soft-positivism*. La única duda que queda establecida es si el positivismo incluyente presupone o no el objetivismo moral, porque si lo presupone entonces a los que lo rechazan (y ahí, me temo, habría que incluir a Hart y a Carrió) les queda una posición indistinguible del positivismo excluyente. Veámoslo con las propias palabras de Hart (1994: 254)[8]:

---

6 Principalmente, RAZ (1979: cap. 3, 1994: cap. 9, 2004). Véase también SHAPIRO (1998a y 1998b: 33-64).

7 Véase WALUCHOW (1994), COLEMAN (2001) y mi propio punto de vista en MORESO (2001).

8 Al respecto, véanse las pertinentes dudas de GREEN (2012). En la literatura en español, a menudo, es el rechazo del objetivismo moral lo que conduce al positivismo jurídico excluyente. Véase el caso paradigmático de BULYGIN (2006).

Si la cuestión del fundamento objetivo de los juicios morales es mantenido abierto por la teoría jurídica, como yo pretendo que debe ser mantenido, entonces el *soft positivism* no puede ser caracterizado simplemente como la teoría conforme a la cual los principios o valores pueden formar parte de los criterios de validez jurídica, puesto que si es una cuestión abierta la de si los principios y valores morales tienen un fundamento objetivo, entonces debe quedar también abierta la cuestión de si las pautas jurídicas *soft positivist* conducentes a incluir la conformidad con ellas entre los criterios para la determinación del derecho existente pueden tener dicha consecuencia o, por el contrario, pueden sólo constituir orientaciones a los tribunales para que *creen* derecho de acuerdo con la moralidad.

Sea como fuere, creo que hay un amplio consenso en la teoría jurídica actual en torno a que la primera crítica de Dworkin (el positivismo jurídico hartiano no puede dar cuenta del lugar de los principios en el razonamiento jurídico) puede ser rechazada mediante alguna de estas dos maniobras. En palabras de Shapiro (2007: 35):

Un examen detallado y comparativo de estas dos versiones del positivismo jurídico y de sus respectivas respuestas a Dworkin está más allá del alcance de este ensayo. Sin embargo, aseveraré simplemente y sin argumento ulterior que los seguidores de Hart han tenido éxito al desmontar la crítica de Dworkin en 'The Model of Rules I'. El hecho de que los jueces están a veces obligados a aplicar principios morales en los casos difíciles no muestra por sí mismo que el positivismo jurídico es falso.

Para llegar a esta conclusión Carrió (y Hart) rechazan la segunda tesis de Bellagio, según la cual siempre es posible aplicar el derecho sin recurrir a consideraciones morales.

Sin embargo, la segunda crítica de Dworkin al positivismo (Dworkin, 1986, véase Shapiro, 2007) consiste en sostener que el positivismo jurídico no puede dar cuenta de los desacuerdos en la práctica jurídica. Para explicar esta segunda crítica, la tesis de los desacuerdos, conviene introducir la distinción que hace Dworkin (1986: 4-6) entre proposiciones jurídicas (*propositions of law*) y fundamentos jurídicos (*grounds of law*). Las proposiciones jurídicas son proposiciones acerca del contenido del derecho en un sistema jurídico particular, acerca de lo que el derecho requiere o permite. Proposiciones no controvertidas como "el Derecho español prohíbe circular a más de 120 km/h por las autopistas" o proposiciones controvertidas como "la Constitución española autoriza la prisión perpetua como sanción penal". Su verdad o falsedad depende de los fundamentos jurídicos, y en los fundamentos reside la razón de los desacuerdos en el derecho. Es decir, depende de lo que establece la legislación, de si la legislación está de acuerdo con los principios constitucionales, de la vinculación que establece el precedente judicial, entre otras cosas. Algunos autores consideran que los fundamentos jurídicos incorporan razones morales que justifican nuestra práctica jurídica, otros rechazan dicha incorporación. La primera crítica al positivismo jurídico de Dworkin (1977, caps. 2 y 3), como sabemos, le reprochaba no haber tomado en cuenta la distinción entre las reglas, identificadas por su origen en alguna fuente social, y los principios, cuya naturaleza radica en la capacidad de justificar moralmente un determinado conjunto de reglas y decisiones. Sin embargo, la segunda crítica es más poderosa[9]. En este sentido, por ejemplo, para esta concepción saber lo que la constitución requiere nos lleva necesariamente a saber lo que la constitución presupone. Es una cuestión obvia, sobre la que Dworkin insiste, que nuestra práctica de la comprensión de lo que la constitución presupone no es convergente. Esta divergencia explica nuestros desacuerdos jurídicos. Dworkin (2011: 404) lo expresa así: "No hay acuerdo entre juristas y jueces en comunidades políticas complejas y maduras acerca de cómo debemos decidir qué proposiciones jurídicas son verdaderas".

Por lo tanto, la tesis iuspositivista según la cual el derecho de una sociedad puede ser identificado sin recurrir a consideraciones morales es también atacada. Si la naturaleza del derecho en una sociedad

---

9 Como reconoce SHAPIRO (2007). LEITER (2009) considera que también esta crítica es fácilmente replicable. Creo que LEITER no lleva razón, pero esta posición no será analizada aquí, aunque puede verse MORESO (2009b).

pudiera ser identificada a través de alguna práctica convencional, como es la regla de reconocimiento, entonces no habría lugar para estas discrepancias. Lo que aquí cuestiona Dworkin es la primera tesis de Bellagio. Tal vez es también lo que cuestiona el ejemplo de si se puede o no vender el lugar en la cola. Supongamos que se plantea realmente el conflicto y supongamos también que, como ocurre en el derecho, hay alguien que tiene el cometido de resolver el conflicto, llamémosle el guardián de la cola. Si, como de nuevo ocurre en el derecho, existe la prohibición de *non liquet*, es decir, si el guardián de la cola está obligado a tomar una decisión, ¿con qué criterios habrá de tomarla?

Parece razonable pensar que nuestro guardián de la cola deberá argumentar por una solución que encaje mejor con el *sentido* que asignemos a la práctica de guardar la cola. Si se nos permite la frivolidad, podríamos decir que hay, al menos, dos enfoques posibles que atribuyen sentido a la práctica de guardar la cola, un enfoque *liberal* y un enfoque *republicano*. Para el enfoque liberal, la práctica tiene sentido en cuanto nos permite razonablemente la coordinación en aquellas actividades en las que somos muchos los que queremos disfrutar de algún recurso escaso y dicha coordinación satisface nuestros intereses individuales. Eso es todo. Para este enfoque no hay problema alguno en permitir la compraventa de la posición en la cola, puesto que ningún interés individual es afectado por esta compraventa. Para el enfoque republicano, en cambio, la práctica tiene sentido porque otorgando el derecho por turnos como consecuencia de la espera, nos reconocemos unos a otros como iguales, como miembros del mismo grupo y aceptar la compraventa, representaría corromper este reconocimiento recíproco, puesto que alguien podría alcanzar su turno sólo por disponer de más dinero. Si a alguien le parece ilusa la concepción republicana, que piense en una lista de espera para un trasplante de riñón y considere entonces cuán razonable le parecería admitir la compraventa del lugar en la lista. Para el enfoque republicano, como es obvio, la compraventa del puesto en la cola está prohibida[10].

Es decir, el concepto de guardar cola es, en el sentido de Dworkin, *interpretativo*. Consiste en asignar un sentido a la práctica de guardar cola, y según cuál sea ese sentido identificaremos unos deberes u otros en dicha práctica. Atribuir un sentido a una práctica consiste en considerarla en su mejor luz, en una especie de inferencia hacia la mejor explicación. Ello requiere, parece que de modo irremediable, entrar en algunas consideraciones valorativas.

Sin embargo, según parece, Carrió no está dispuesto a rechazar la primera tesis de Bellagio. Dicha tesis configura lo que él denomina la *actitud positivista*, que distingue claramente entre el derecho tal y como es y el derecho tal y como debe ser y que comporta que

---

10 Para un desarrollo reciente de estas ideas sobre la cola en otro contexto, SANDEL (2012: cap. 1).

la actitud positivista es "valorativamente neutral", capaz de proporcionarnos una "definición descriptiva" del concepto de derecho (Carrió, 1990c: 86-87). Carrió atribuye con razón dicha idea a Bobbio (1965) y, también, a Hart (1958) y Ross (1961).

Entonces, en los casos en que nos preguntamos si la práctica de la cola autoriza la compraventa del puesto en ella, o si la Constitución española autoriza la prisión perpetua, o la Constitución de los Estados Unidos la pena de muerte, nuestro concepto descriptivo de derecho sólo puede decir que estas cuestiones quedan a la *discreción* de los jueces. Por esta razón, el tema de la discreción judicial ha centrado muchas de las discusiones de la teoría jurídica contemporánea. Un teórico del derecho tal vez pueda sentirse conformado con esta conclusión, pero cuando este mismo teórico ejerce como juez de un Tribunal que debe tomar una de estas decisiones, no puede conformarse con este veredicto. Puede entonces que sea un ingenuo, que cree que hay solución donde no la hay, o un cínico, que usa su lugar como juez para imponer sus propios valores y su ideología (esta es la posición de Leiter, 2009, a la que me referí en la nota 9). Sin embargo, esta es una más que triste solución y antes de adoptarla deberíamos ver si nuestra reflexión filosófica puede ofrecernos alguna otra solución.

3. NINO Y LOS CONCEPTOS DE DERECHO

Desde muy pronto, Nino (1980, 1985a) trató de dar una respuesta a la crítica de Dworkin al positivismo

jurídico. Y su respuesta consiste fundamentalmente
en sostener que no hay un solo concepto de derecho,
sino varios, algunos descriptivos, otros normativos,
que desempeñan su función en contextos diversos.
Por ejemplo (Nino, 1994: 32; véase también Nino,
1985b)[11]:

> Estas consideraciones sugieren que respecto del de-
> recho, como sin duda en relación con muchos otros
> conceptos, lo apropiado sería adoptar una posición
> convencionalista. Según esta posición, el concepto
> de derecho surge de estipulaciones y prácticas que
> tienen en cuenta las necesidades del discurso en el
> que ese concepto se emplea. La consecuencia inme-
> diata de esta posición es la admisión de que puede
> haber una pluralidad de conceptos de derecho, ya
> que las necesidades del discurso pueden variar en y
> con el discurso. La percepción de que hay diversos
> discursos relacionados con el derecho, con funciones
> y puntos de vista muy diferentes hace pensar que
> en ellos se emplean nociones de derecho diferentes,
> aunque es posible [...] que estén relacionadas entre sí.

Nino presenta su tesis de tal modo que descansa en
dos presupuestos:

1) Que la naturaleza del derecho tiene, como el ros-
tro de Jano, una doble faz: es objeto de un análisis

---

11 Me he referido a esta posición de NINO, y a una comparación
    con la de DWORKIN, en MORESO (2015).

meramente descriptivo y, también, es objeto de un análisis normativo.

2) Que la aplicación del derecho presupone una concepción normativa, la decisión justificada de los jueces no puede ser llevada a cabo si no conciben las normas jurídicas como razones para la acción, como razones que descansan, en último término, en razones morales.

Nino, como es sabido, insiste en que su posición muestra que la controversia entre positivistas e iusnaturalistas puede disolverse (Nino, 1995a: 172-173):

Si no todos los positivistas niegan la posibilidad de una demostración racional e intersubjetiva de los juicios de valor acerca de las reglas y principios que el estado debe reconocer, y si los antipositivistas serios no niegan la factibilidad y relevancia de una descripción valorativamente neutra de las reglas y principios que, de hecho, son reconocidos por el Estado, la controversia entre ellos no versa sobre cuestiones de más profundidad filosófica que el mero reconocimiento de que hay varias alternativas legítimas para definir 'derecho'.

Nino sostiene que un concepto descriptivo de derecho es adecuado para identificar las pautas que en una sociedad se consideran parte del derecho. Pero este concepto es incapaz de rendir cuenta de la dimensión justificativa del derecho, del hecho de que para justificar decisiones, como las decisiones

judiciales, es necesaria una premisa valorativa, normativa, que pueda comportarse en el razonamiento
práctico como una razón *operativa*[12]. Podemos decir
que el concepto normativo de derecho de Nino es el
que está presupuesto en la aplicación del derecho.
Sólo así las normas jurídicas, como razones auxilia-
res de un razonamiento práctico completo, pueden
justificar las decisiones judiciales. Nino lo llamó el
teorema fundamental de la teoría general del derecho (Nino, 1994: 130). Y esta puede ser una de sus
exposiciones (Nino, 1985d: 139):

> Podemos reconstruir la estructura del razonamiento
> judicial, bajo un derecho rudimentario, de acuerdo
> con los lineamientos siguientes: 1) Se debe obedecer a
> quien ha sido elegido democráticamente para legislar.
> 2) El legislador L ha sido elegido democráticamente.
> 3) L ha dictado una norma jurídica que estipula: 'el
> que mata a otro debe ser penado'. 5) Debe penarse
> a quienes matan a otro. 6) Juan mató a alguien. 7) Se
> debe penar a Juan.

En un trabajo de hace ya algunas décadas, David
Brink (1985) intentó una reconciliación de este tipo
entre positivismo jurídico e iusnaturalismo. Sostuvo
que el iusnaturalismo y el iuspositivismo defendían
dos tesis, una referida a la validez jurídica y otra referida a la aplicación del derecho. La primera tesis del

---

12 Como es sabido la distinción entre razones operativas y auxi-
liares procede de RAZ (1975: 15-43).

iusnaturalismo (IN1) sostiene que la adecuación a la moralidad es, al menos, una condición necesaria de la validez del derecho. La primera tesis del positivismo jurídico (IP1) niega la tesis anterior. La segunda tesis del iusnaturalismo (IN2) sostiene que una decisión judicial adecuada en un caso dado debe siempre fundarse en premisas morales correctas. La segunda tesis del positivismo jurídico (IP2) rechaza esta tesis.

Como puede verse, y esta es la sugerencia de Brink, uno puede aceptar la tesis de la validez jurídica del positivismo jurídico y aceptar la tesis de la aplicación del derecho del iusnaturalismo (Brink: 384-385):

> Aunque IP1 e IN1 representan teorías incompatibles acerca de la conexión entre el derecho y la moralidad e IP2 e IN2 representan teorías incompatibles acerca de la conexión entre la aplicación del derecho y la moralidad, podemos y debemos defender IP1 e IN2. Las condiciones de existencia del derecho válido no aseguran que las pautas jurídicas satisfacen la moralidad política sólida o verdadera, mientras las decisiones judiciales correctas deben satisfacer las pautas de moralidad política correctas o verdaderas... Por lo tanto, hay una construcción interesante de IP e IN en la cual ambas son mutuamente compatibles y verdaderas.

Creo que las ideas de Nino acerca de cómo superar la controversia entre iusnaturalismo e iuspositivismo pueden ser leídas a través de esta reconstrucción de David Brink. Hacerlo así permite modificar la primera tesis de Bellagio, en el sentido de que, aunque el contenido del derecho pueda identificarse mediante descripciones valorativamente neutras, comprender la naturaleza del derecho requiere adoptar un concepto normativo apto para operar en el razonamiento práctico de los actores de la aplicación del derecho.

Sorprendentemente estas ideas parecen, en cambio, apoyar la segunda tesis de Bellagio, de acuerdo con la cual el contenido del derecho puede identificarse sin recurrir a consideraciones morales. Y así parece argüir Nino (1985a: 172) en su respuesta a Dworkin:

> En realidad cuando Dworkin dice que uno de los tests para juzgar la validez de una teoría normativa de la adjudicación judicial es su adecuación con los estándares que son efectivamente reconocidos por las instituciones oficiales, él está asumiendo que esos estándares pueden ser identificados con independencia de la teoría normativa que debe ajustarse a ellos. Es cierto que el sostener este test para una teoría normativa de la adjudicación presupone una concepción normativa de segundo nivel que justifique esa exigencia, pero, si bien esta concepción requiere que se identifiquen los estándares efectivamente reconocidos, no está ella misma involucrada en tal identificación. De este modo Dworkin parece admitir la factibilidad de una descripción valorativamente neutra de las reglas y principios reconocidos efectivamente por el Estado.

Pues bien, esta es la tesis que parece objetar la apelación a los desacuerdos jurídicos de Dworkin.

Para Dworkin, la razón por la que no hay acuerdo
en la comunidad jurídica española acerca de si, por
ejemplo, la Constitución española autoriza o no la
prisión perpetua, es porque no hay acuerdo acerca
de lo que la Constitución presupone acerca de los
castigos penales.

O sea, aunque las estrategias de Carrió, rechazando la segunda tesis de Bellagio, y la de Nino,
rechazando la primera tesis, tal vez son capaces de
superar la primera crítica de Dworkin al positivismo
jurídico, ambas parecen inaptas para oponerse a la
segunda crítica.

4. El positivismo jurídico normativo. De *Bellagio* a *Pavía*

Carrió (1990c) no está de acuerdo con la crítica de Nino a Dworkin, y no lo está fundamentalmente porque
piensa que la actitud positivista implica, de algún
modo, que los jueces deben aplicar las pautas identificadas mediante los criterios usados en la identificación descriptiva del derecho. El punto fundamental
de la crítica de Carrió a Nino puede ser expresado en
los siguientes párrafos (Carrió, 1990c: 392-393):

> Que sólo un juez que ha adoptado la actitud positivis-
> ta, esto es, un funcionario público que ha jurado cum-
> plir sus funciones aplicando las reglas públicas del
> derecho positivo y no las pautas que pueda extraer
> de *sus* principios morales, sólo un juez positivista,
> repito, así caracterizado, puede actuar correctamente

como juez de derecho. Porque el 'juego' de que aquí se trata es el del derecho positivo, sólo un juez que adopta la actitud positivista está en condiciones de 'jugarlo'.

Pero entonces debemos preguntar a Carrió de dónde surge este deber "de actuar correctamente como juez de derecho". Sólo puede surgir, me temo, de una teoría normativa. Y, entonces, el positivismo jurídico tiene una dimensión normativa. El positivismo jurídico exige a los jueces la aplicación de las pautas públicas, identificables sin recurrir a pautas morales, que una sociedad se ha dado a sí misma para autogobernarse.

Esta es la idea que Uberto Scarpelli (1965) defendió en un importante libro publicado el mismo año que el libro de Bobbio sobre el positivismo jurídico. Scarpelli la presentaba así (1965: 133)[13]:

Inherente al positivismo jurídico hay una elección política, pero la elección política es una elección por el derecho positivo identificado a través de sus características formales, es una elección de una ciencia y una práctica del derecho que, una vez aceptado el derecho positivo, lo estudia y lo aplica fielmente prescindiendo de todo juicio de valor acerca de su contenido.

_____

13 Ha sido defendido que esta idea latía detrás del esfuerzo de uno de los fundadores del positivismo jurídico, JEREMY BENTHAM. Véase, por ejemplo, SCHOFIELD (2010).

Esta es la idea que ha resurgido en los últimos años bajo la etiqueta de *positivismo jurídico normativo* o ético[14]. Stephen R. Perry (2001: 311-313) ha distinguido entre dos sentidos de positivismo jurídico que es pertinente recordar aquí. El positivismo jurídico *sustantivo* que sostiene "que no hay conexión necesaria entre la moralidad y el contenido del derecho" y el denominado positivismo jurídico *metodológico* para el cual "no hay conexión, ni necesaria ni de ningún otro tipo entre la moralidad y la teoría del derecho". En un iluminador trabajo, José Luis Martí (2008-2009: 438) ha presentado de esta forma tan perspicua las dos tesis del positivismo normativo:

(1) Tesis normativa: el positivismo jurídico está comprometido con los valores de autonomía y democracia que le llevan a suscribir una particular concepción del ideal de Estado de derecho, una teoría democrática de la autoridad y a prescribir que los jueces no deben recurrir a la moral, apartándose así de la letra de la ley, a la hora de resolver las disputas jurídicas [nota omitida].

(2) Tesis metodológica: La filosofía del derecho parte siempre de presupuestos normativos, y en consecuencia debe abandonar la pretensión de desarrollar

---

14 Por Campbell (1996), Murphy (2001), Waldron (2001, 2005), o Green (2008). En la literatura en español, con algunos matices, Hierro (2002), Martí (2008-9), Laporta (2007) y recientemente Atria (2016).

su análisis conceptual en la más estricta neutralidad valorativa.

La tesis metodológica es el rechazo precisamente de lo que Perry denomina positivismo jurídico metodológico. Constituye también el abandono de la primera tesis de Bellagio y de lo que Carrió denominó la *actitud positivista*. Es comprensible que los positivistas (Hart y Carrió entre ellos), anclados en la idea de la separación estricta entre los hechos y los valores, se resistieran abandonar dicha tesis. Sin embargo, muy tempranamente Bobbio (1966: 70-71) era consciente de que la actitud positivista presuponía una adhesión valorativa[15]:

"No puedo ignorar que el *approach* científico característico del positivismo jurídico estaba vinculado a la primacía del valor de la certeza".

---

15 Por cierto que Bobbio (1967: 71), en la mesa redonda de Pavía dedicada al positivismo jurídico (cinco años después del encuentro de Bellagio, en 1966) también arrojaba dudas, dos años antes de que Dworkin publicara "The Model of Rules", Dworkin (1967), sobre la separación entre el derecho que es y el derecho que debe ser, precisamente al tratar de dar cuenta de los principios jurídicos: "En la medida de que el juez se vale, para decidir un caso nuevo, de los principios generales del derecho que pueden ser intrasistemáticos, pero también pueden ser extrasistemáticos, contribuye, incluso sin quererlo, a modificar el sistema del derecho dado. Los principios generales, ¿pertenecen al derecho que es o al derecho que debe ser?". Véase para la intervención de Bobbio en la mesa de Pavía, Moreso (2011).

Si el positivismo jurídico abandona la idea de que la tarea de elucidar la naturaleza del derecho es una tarea descriptiva y conceptual, sin ninguna consecuencia para la práctica del derecho, entonces el positivismo jurídico entra en el debate normativo. Es obvio que Hart se resistió a dar este paso y su respuesta a Dworkin en el *Postscript* (Hart, 1994) se funda en insistir en que su concepción del derecho no es incompatible con la de Dworkin, porque la suya es una tarea descriptiva y conceptual, mientras la de Dworkin es una tarea valorativa y comprometida. A pesar de ello, la respuesta de Dworkin (2006) al *Postscript* es considerar que el positivismo jurídico es una concepción interpretativa del derecho, con consecuencias para la práctica jurídica. El análisis conceptual de la naturaleza del derecho, como el análisis de otras de nuestras instituciones, como la naturaleza de la democracia o de la amistad, tiene una dimensión normativa. Solamente embarcados en ella podemos tener un concepto de derecho. Hart no está de acuerdo (Hart, 1994: 248-249):

Mientras la teoría interpretativa del derecho de Dworkin descansa en el presupuesto de que el sentido o el propósito del derecho y de la práctica jurídica es justificar la coerción, ciertamente no mantengo ni nunca he mantenido el punto de vista con arreglo al cual el derecho tiene este sentido o propósito. Como otras formas de positivismo mi teoría no pretende identificar el sentido o el propósito del derecho y de las prácticas jurídicas como tales; de modo que no hay nada en mi teoría a favor del punto de vista de Dworkin, que ciertamente no comparto, de que el propósito del derecho es justificar el uso de la coerción. De hecho, considero bastante vano tratar de delimitar para el derecho un propósito específico más allá de señalar que suministra guías para el comportamiento humano y estándares de crítica de tal comportamiento.

Parece claro, sin embargo, que Hart no puede excluir una concepción del derecho como la de Dworkin sin apelar a algunos elementos evaluativos que privilegien su idea de que la naturaleza del derecho guarda una relación esencial con la dirección y evaluación del comportamiento humano y no con otras funciones que el derecho también realiza (véase, para esta idea, Perry, 1995).

Por dicha razón, merece la pena atender a cómo Dworkin considera que la concepción de Hart puede ser contemplada como una concepción interpretativa del derecho. Una concepción que privilegia el valor de la legalidad, del sometimiento de los aplicadores del derecho a pautas públicas, previamente conocidas e identificables. Una concepción que descansa, como nos recordaba Martí, en la noción de Estado de Derecho, en el respeto a la autonomía personal y en una concepción democrática de la autoridad, que hace de las decisiones de los jueces decisiones justificadas en la medida en que se fundan en la voluntad de todos de autogobernarnos. Es indiscutible que estas ideas se hallan en el origen de la Ilustración jurídica y que recorren la columna vertebral del movimiento conocido como positivismo jurídico. Esta forma de entender la legalidad es la que está en el núcleo del positivismo, "la legalidad insiste en que el poder (de aplicar el derecho) es ejercido sólo con arreglo a pautas establecidas de la manera correcta antes de su ejercicio" (Dworkin, 2006: 169). El valor que reside detrás de esta idea es, según Dworkin, el valor de la *perspicuidad* (*accuracy*), (Dworkin, 2006: 172-3):

> Por *perspicuidad* entiendo el poder de los funcionarios políticos para ejercer el poder coercitivo del estado de una manera sustantivamente justa y eficaz. La legalidad promueve la perspicuidad si los actos oficiales son más probablemente sabios o justos en la medida en que son gobernados por pautas establecidas en lugar de por representar meramente el juicio de algún funcionario acerca de lo que es justo o sabio.

Si tenemos en cuenta lo que Rawls (1993: XVII-XIX) ha llamado el "hecho del pluralismo", es decir, la gran discrepancia que sobre muchas cuestiones prácticas hay en nuestras sociedades, una posición como esta resulta, según creo, atractiva.

Claro, como bien sabemos, Dworkin no está de acuerdo. Cree que alguna concepción más abarcadora, como la de la *integridad*, honra mejor los ideales que anidan detrás del Estado de Derecho. Ahora bien, mi propuesta consiste precisamente en entender el positivismo de Carrió de este modo, del modo en el que Dworkin arguye que Hart debe ser interpretado.

Incorporar a la actitud positivista esta concepción
normativa del derecho y otorgar así sentido a la idea
de que sólo un juez positivista puede actuar correctamente como un juez de derecho.

Esto supone abandonar el compromiso de concebir la tarea de la teoría del derecho como una tarea
descriptiva, abandonar el positivismo metodológico,
la primera tesis de Bellagio. Supone, en este punto,
darle la razón a Nino. Ahora bien, supone también
y esta vez contra Nino, otorgar sentido a la polémica entre iusnaturalistas e iuspositivistas. Sólo los
segundos tienen una teoría que establece que los
deberes de los jueces no deben nunca, en el contexto
de una sociedad democrática bajo el imperio de la
ley, aplicar los principios morales que consideran
justos, sino las pautas identificadas como derecho
positivo que les vinculan.

5. A MODO DE CONCLUSIÓN: EL IDEAL DE LA CERTEZA
Y LA REGLA DE LESBOS

Pocos, si alguno, entre los teóricos del derecho actuales pondrá en duda que tras el ideal del Estado
de Derecho hay una adhesión normativa al valor de
la certeza[16]. Y es así porque la certeza honra nuestra

---

16 Aunque algunos consideran dicho ideal más bien una *ilusión*,
al modo por ejemplo de algunos autores en la senda de *Critical
Legal Studies*. Véase la posición, por ejemplo, de los editores (y
de alguna de las contribuciones, como la de DUNCAN KENNEDY)
en HUTCHINSON & MONAHAN (1987).

autonomía. Sólo pautas jurídicas claras, previas, públicas, permiten que diseñemos y llevemos adelante nuestros planes de vida con libertad. Pocos, a su vez, pondrían en duda que dicho ideal alimenta el positivismo jurídico desde la dura crítica de Bentham a la incertidumbre del Common Law, hasta la preocupación de Kelsen porque las cláusulas constitucionales no incorporaran términos abiertamente valorativos, porque entonces el poder de los jueces de controlar la constitucionalidad devendría insoportable[17].

Este es, de acuerdo con el positivismo jurídico normativo, el modo en el que la tesis de la separación entre el derecho y la moralidad ha de ser comprendida: se trata de una recomendación normativa para que el derecho sea generado de modo que la identificación de su contenido no requiera acudir a valoraciones morales. Esto es lo que permite a los jueces, precisamente, aplicar las normas jurídicas y no sus valoraciones particulares, como Carrió nos recordaba.

En este sentido, el núcleo del positivismo jurídico normativo es ampliamente compartido. Compartido, es claro, por Carrió y, también, por Nino que, en su teorema fundamental de la teoría general del derecho, coloca la premisa conforme a la cual se debe obedecer al legislador democrático y que considera que es posible identificar, sin recurrir a valoraciones, lo que este ha prescrito.

---

17 Véase por ejemplo BENTHAM (1838-1943, VII: 199-210) y KELSEN (1931).

No obstante, ¿debe llevarse el ideal de la certeza al extremo? En otros lugares (Moreso, 2009a: ensayos 1 y 11; 2012), he tratado de mostrar que precisamente para honrar la autonomía de los destinatarios de las normas, es preciso dejar que las normas contengan *defeaters* valorativos, que dan mayor discreción a los jueces pero respetan en mayor medida nuestra autonomía. Tomemos el siguiente caso (un caso favorito del iusfilósofo Michael Moore, 2002: 625-626), el caso *Kirby vs. United States*[18]. En este caso Kirby, un sheriff, fue arrestado por el delito federal de obstruir o detener el paso del correo, y era cierto que él había realizado esta acción contemplada por la legislación penal, de hecho había retrasado la salida de un barco fluvial con la intención, que llevó a cabo, de arrestar a un cartero acusado de un delito de homicidio. La Corte Suprema absolvió a Kirby, no por actuar amparado por una causa de justificación (estado de necesidad, cumplimiento de un deber), que sería lo que sucedería en la cultura jurídica continental, sino por considerar que, a los efectos legales, la acción de Kirby no era una obstrucción del correo. Dejemos aparte ahora este punto, lo que quiero poner de manifiesto es que, aun siendo más cierto un derecho que hace punible obstruir el correo sin excepciones, es más respetuoso con la autonomía de Kirby considerar que esta es una excepción y que él puede detener al homicida. Es más respetuoso con la autonomía

---

18 74 U. S. (7 Wall.) 482 (1869).

de las personas un Derecho penal que contempla excepciones (causas de justificación y exculpación) a la descripción de los delitos mediante predicados empíricos, a pesar de que estas exigen una formulación en términos valorativos. Con esta exigencia, urgen a los jueces a desarrollar las mejores teorías normativas que dichas formulaciones presuponen.

Y, según creo, ello es lo que hace tan relevante la presencia de los desacuerdos en el Derecho, como quiere Dworkin, aunque acordamos sobre el texto de nuestra Constitución, no acordamos sobre todo lo que ella presupone: si autoriza (la Constitución española en estos casos) el matrimonio entre personas del mismo sexo, si autoriza un referéndum sólo en Cataluña para conocer la voluntad de los catalanes en relación con un proceso de secesión, si autoriza la prisión perpetua, si autoriza el despido libre de los trabajadores sin indemnización y tantas otras cosas.

Y si la certeza no debe ser llevada al extremo, tampoco debe serlo, por lo tanto, la recomendación del positivismo jurídico normativo de elaborar el derecho de modo que su contenido pueda siempre identificarse sin recurrir a consideraciones morales. Uno de sus máximos defensores lo ha reconocido de un modo muy elegante recientemente. Jeremy Waldron (2011: 82) ha acudido al célebre pasaje de la Ética a Nicómaco aristotélica para recordarnos que hay dimensiones de las acciones humanas que no pueden ser capturadas por reglas universales y para tratarlas debemos usar instrumentos no rígidos, y las reglas generales son rígidas, "como la regla de plomo de los arquitectos lesbios, que se adapta a la forma de la piedra y no es rígida", explica Aristóteles (1984: 1137b, p. 83).

Es decir, el contenido del derecho debe poder identificarse como un conjunto de pautas previas, públicas y cognoscibles por todos, que incluyan *defeaters* evaluativos para moldear (al modo de Lesbos) su aplicación a los casos particulares. Creo que tanto Carrió como Nino acordarían con esta conclusión. Una combinación del positivismo jurídico incluyente y del positivismo jurídico normativo tal vez pueda ser una vía de alcanzar este objetivo[19]. De qué modo realizarlo y en qué medida esta concepción se acerca al derecho como integridad dworkiniano son cuestiones que deberán esperar a otra ocasión.

REFERENCIAS

ARISTÓTELES (1984). *Ética a Nicómaco*, trad. de M. Araújo y J. Marías. Madrid: Centro de Estudios Constitucionales.

ATRIA, F. (2016). *La forma del Derecho*. Madrid: Marcial Pons.

---

19 Un primer intento con esta idea en CELANO (2016: 281): "Esta versión del positivismo normativo es 'incluyente' porque consiente –y requiere– que, bajo ciertas condiciones, las reglas jurídicas sean sujetas a revisión, que su aplicación sea ponderada y que los decisores acudan directamente a las razones morales".

BENTHAM, J. (1838-1843). "Codification Proposal". En J. BOWRING (Ed.), *The Works of Jeremy Bentham*, vol. IV. Edinburgh: William Tait.

BOBBIO, N. (1965). *Giusnaturalismo e positivismo giuridico*. Milano: Ed. di Comunità.

BOBBIO, N. (1967). Intervento en *Tavola rotonda sul positivismo giuridico* (Pavía, a maggio 1966). *Quaderni de la Rivista Il Politico*. Milano: Giuffrè.

BRINK, D. (1985). "Legal Positivism and Natural Law Reconsidered". *The Monist*, 68, pp. 365-387.

BULYGIN, E. (2006). *El positivismo jurídico*. México: Fontamara.

CARRIÓ, G. R. (1967). *El recurso extraordinario por sentencia arbitraria*. Buenos Aires: Abeledo-Perrot.

CARRIÓ, G. R. (1970). *Principios jurídicos y positivismo jurídico*. Buenos Aires: Abeledo-Perrot.

CARRIÓ, G. R. (1971). *Legal Principles and Legal Positivism*. Buenos Aires: Abeledo-Perrot.

CARRIÓ, G. R. (1979-1980). "Professor Dworkin's Views son Legal Positivism". *Indiana Law Journal*, 55, pp. 209-246.

CARRIÓ, G. R. (1980). "Le opinioni del Prof. Dworkin sul positivismo giuridico". *Materiali per una storia della cultura giuridica*, 10, pp. 143-182.

CARRIÓ, G. R. (1983). "Una reciente propuesta de conciliación entre el jusnaturalismo y el positivismo jurídico". En SCARPELLI, U. (Ed.), *La teoria generale del diritto: Problemi e tendenze attuali: Studi dedicati a Norberto Bobbio* (pp. 361-385). Milano: Ed. di Comunità.

CARRIÓ, G. R. (1990a). "Principios jurídicos y positivismo jurídico". En CARRIÓ, G. R., *Notas sobre derecho y lenguaje* (pp. 195-234). Buenos Aires: Abeledo-Perrot.

CARRIÓ, G. R. (1990b). "Dworkin y el positivismo jurídico". En CARRIÓ, G. R., *Notas sobre derecho y lenguaje* (pp. 319-371). Buenos Aires: Abeledo-Perrot.

CARRIÓ, G. R. (1990c). "Un intento de superación de la controversia entre positivistas y jusnaturalistas (réplica a Carlos S. Nino)". En CARRIÓ, G. R., *Notas sobre derecho y lenguaje* (pp. 375-404). Buenos Aires: Abeledo-Perrot.

CAMPBELL, T. D. (1996). *The Legal Theory of Ethical Positivism*. Aldershot: Darmouth.

CELANO, B. (2016). *"Rule of law e particolarismo etico"*. En G. PINO & V. VILLA (Eds.), *Rule of Law. L'ideale della legalità* (pp. 237-285). Bologna: Il Mulino.

COLEMAN, J. L. (2001). *The Practice of Principle: In Defence of a Pragmatism Approach to Legal Theory*. Oxford: Oxford University Press.

DWORKIN, R. (1967). The Model of Rules. *University of Chicago Law Review*, 35, 14-46.

DWORKIN, R. (1977). *Taking Rights Seriously*. London: Duckworth.

DWORKIN, R. (1978). "A Reply to Critics". En R. DWORKIN, *Taking Rights Seriously* (appendix). London: Duckworth.

DWORKIN, R. (1986). *Law's Empire*. Cambridge, Mass.: Harvard University Press.

DWORKIN, R. (2006). "Hart's Postscript and the Point of Political Philosophy". En R. DWORKIN, *Justice in Robes* (cap. 6). Cambridge, MA: Harvard University Press.

DWORKIN, R. (2011). *Justice for Hedgehogs*. Cambridge, MA: Harvard University Press.

FALK, R. A. & SHUMAN, S. I. (1961). "Un colloquio sul positivismo giuridico". *Rivista di diritto civile*, 7, 542-557.

GREEN, L. (2008). "Positivism and the Inseparability of Law and Morals". *New York University Law Review*, 83, 1035-1058.

GREEN, L. (2012). "Introduction". En H. L .A. HART, *The Concept of Law* (third edition, Leslie Green, Ed.). Oxford: Oxford University Press.

GREENAWALT, K. (1975). "Discretion and Judicial Decision: The Elusive Quest for the Fetters that Bind Judges". *Columbia Law Review*, 75, 359-398.

HART, H. L. A. (1958). "Positivism and the Separation of Law and Morals". *Harvard Law Review*, 71, 593-

629. Ahora en HART, H. L. A. (1983), *Essays in Jurisprudence and Philosophy* (pp. 21-48). Oxford: Oxford University Press.

HART, H. L. A. (1961). *The Concept of Law*. Oxford: Oxford University Press.

HART, H. L. A. (1994). "Postscript". En *The Concept of Law*, BULLOCH P. & RAZ, J. (Eds.), 2.ª ed. Oxford: Oxford University Press.

HIERRO, L. (2002). "¿Por qué ser positivista?". *Doxa*, 25, 263-302.

HUTCHINSON, A. C. & MONAHAN, P. (Eds.) (1987). *The Rule of Law. Ideal or Ideology?* Toronto: Carswell.

KELSEN, H. (1931). "Wer soll Hüter der Verfassung sein?". *Die Justiz*, 6, 5-56, trad. de R. J. Brie (1985), ¿Quién debe ser el defensor de la Constitución? Madrid: Tecnos.

LAPORTA, F. J. (2007). *El imperio de la ley. Una visión actual*. Madrid: Trotta.

LEITER, B. (2009). "Explaining Theoretical Disagreement". *University of Chicago Law Review*, 76, 1215-1250.

LYONS, D. (1977). "Principles, Positivism and Legal Theory". *Yale Law Journal*, 87, 415-436.

MARTÍ, J. L. (2008-2009). "Sobre la normatividad de la filosofía del derecho". *Anuario de Filosofía del Derecho*, 25, 427-454.

MOORE, M. (2002). "Legal Reality: A Naturalist Approach to Legal Ontology". *Law and Philosophy*, 21, 619-705.

MORESO, J. J. (2001). "In Defense of Inclusive Legal Positivism". En P. CHIASSONI (Ed.), *The Legal Ought* (pp. 37-64). Torino: Giappichelli.

MORESO, J. J. (2008). "Teoría del Derecho y neutralidad valorativa". *Doxa*, 31, 178-200.

MORESO, J. J. (2009a). *La Constitución: modelo para armar*. Madrid: Marcial Pons.

MORESO, J .J. (2009b). "Legal Positivism and Legal Disagreements". *Ratio Juris*, 22, 62-73.

MORESO, J. J. (2011). "Bobbio en la tavola rotonda di Pavia". En ANSUÁTEGUI ROIG, F. J. & IGLESIAS GARZÓN, A. (Eds.), *Norberto Bobbio. Aportaciones al análisis de su vida y su obra* (pp. 103-112). Madrid: Dikynson.

MORESO, J. J. (2012). "Legal Defeasibility and the Connection between Law and Morality". En FERRER BELTRAN, J. & BATTISTA RATI, G. *The Logic of Legal Requirements. Essays on Defeasibility* (pp. 225-237). Oxford: Oxford University Press.

MORESO, J. J. (2015). "Nino y Dworkin sobre los conceptos de derecho". *Análisis filosófico*, 35, 111-131.

MURPHY, L. (2011). "The Political Question of the Concept of Law". En J. COLEMAN (Ed.), *Hart's Postscipt: Essays on the Postscript to the Concept of Law* (cap. 11). Oxford: Oxford University Press.

NINO, C. S. (1980). "Dworkin and Legal Positivism", *Mind*, 89, 519-543.

NINO, C. S. (1985a). "La superación de la controversia "positivismo vs. iusnaturalismo" a partir de la ofensiva antipositivista de Dworkin". En NINO, C. S., *La validez del derecho* (pp. 145-174). Buenos Aires, Astrea.

NINO, C. S. (1985b). "El enfoque esencialista del concepto de derecho". En NINO, C. S., *La validez del derecho* (pp. 175-196). Buenos Aires, Astrea.

NINO, C. S. (1985c). "Hay deberes y 'deberes': respuesta a Carrió". En NINO, C. S., *La validez del derecho* (pp. 209-22). Buenos Aires, Astrea.

NINO, C. S. (1985d). "Normas jurídicas y razones para actuar". En NINO, C. S., *La validez del derecho* (pp. 125-143). Buenos Aires, Astrea.

NINO, C. S. (1994). *Derecho, moral y política: una revisión de la teoría general del derecho*. Barcelona: Ariel.

PERRY, S. R. (1995). "Interpretation and Methodology in Legal Theory". En A. MARMOR (Ed.), *Law and Interpretation* (cap. 3). Oxford: Oxford University Press.

PERRY, S. R. (2001). "Hart's Methodological Positivism". En J. COLEMAN (Ed.), *Hart's Postscipt: Essays on the Postscript to the Concept of Law* (cap. 9). Oxford: Oxford University Press.

RAZ, J. (1972). "Legal Principles and the Limits of Law". *The Yale Law Journal*, 81, 823-854.

Raz, J. (1975). *Practical Reason and Norms* (reimpr. 1990). Princeton: Princeton University Press.

Raz, J. (1979). *The Authority of Law*. Oxford: Oxford University Press.

Raz, J. (1994). *Ethics in the Public Domain*. Oxford: Oxford University Press.

Raz, J. (2004). "Incorporation by Law", *Legal Theory*, 10, 1-17.

Rawls, J. (1993). *Political Liberalism*. New York: Columbia University Press.

Roca, V. (2005). *Derecho y razonamiento práctico en Carlos S. Nino*. Madrid: Centro de Estudios Políticos y Constitucionales.

Rossx, A. (1961). "Validity and the Conflict between Legal Positivism and Natural Law". *Revista Jurídica de Buenos Aires*, 46-93. Ahora en Stanley L. P. & Bonnie, L. P. (Eds.) (1998), *Normativity and Norms. Critical Prespectives on Kelsenian Themes* (pp. 148-163). Oxford: Oxford University Press.

Sandel, M. (2012). *What Money Can't Buy. The Moral Limits of Markets*. New York: Farrar, Straus and Giorux.

Sartorius, R. (1971). "Social Policy and Judicial Legislation". *American Philosophical Quarterly*, 8, 151-60.

Scarpelli, U. (1965). *Cos'è il positivismo giuridico*. Milano: Edizione di Comunità.

SCHOFIELD, T. P. (2010). Jeremy Bentham and H. L. A. Hart's "Utilitarian Tradition in Jurisprudence". *Jurisprudence*, 1, 147-167.

SHAPIRO, S. J. (1998a). "On Hart's Way Out". *Legal Theory*, 4, 469-508.

SHAPIRO, S. J. (1998b). "The Difference That Rules Make". En BIX, B. (Ed.), *Analyzing Law. New Essays in Legal Theory* (pp. 33-62). Oxford: Oxford University Press.

SHAPIRO, S. J. (2007). "The 'Hart-Dworkin' Debate: A Short Guide for the Perplexed". En A. RIPSTEIN (Ed.), *Ronald Dworkin* (pp. 22-55). Cambridge: Cambridge University Press.

SOPER, P. S. (1977). "Legal Theory and Obligation of the Judge: The Hart/Dworkin Dispute". *Michigan Law Review*, 75, 511-542.

WALDRON, J. (2001). "Normative (or Ethical) Positivism". En J. COLEMAN (Ed.), *Hart's Postscipt: Essays on the Postscript to the Concept of Law* (cap. 12). Oxford: Oxford University Press.

WALDRON, J. (2005). "Law". En F. JACKSON & M. SMITH (Eds), *The Oxford Handbook of Contemporary Philosophy* (pp. 181-207). Oxford: Oxford University Press.

WALDRON, J. (2011). "Vagueness and the Guidance of Action". En A. MARMOR & S. SOAMES (Eds.), *Philosophical Foundations of Language in the Law* (pp. 58-82). Oxford: Oxford University Press.

WALUCHOW, W. J. (1994). *Inclusive Legal Positivism.*
Oxford: Oxford University Press.

NINO Y DWORKIN SOBRE LOS CONCEPTOS DE DERECHO

Cuando yo escribo algo, tengo la sensación de
que ese algo preexiste.
Parto de un concepto general; sé más o menos el
principio y el fin,
y luego voy descubriendo las partes intermedias;
pero no tengo la
sensación de inventarlas, no tengo la sensación
de que dependan
de mi arbitrio; las cosas son así. Son así, pero
están escondidas
y mi deber de poeta es encontrarlas.

JORGE LUIS BORGES (1980: 38).

Yesterday,
All my troubles seemed so far away,
Now it looks as though they're here to stay
Oh I believe in yesterday.

THE BEATLES (1965).

1. SOBRE LA PLURALIDAD DE LOS CONCEPTOS DE DERECHO

A pesar de que la obra con la que se inicia el debate contemporáneo en teoría jurídica, principalmente en el mundo anglosajón, es *The Concept of Law* (1961, 2012) de H. L. A. Hart y que Hart parecía suponer que es posible moldear un concepto de Derecho, entendido como sistema jurídico (*legal system, municipal law*, como dice muchas veces en el libro) capaz de capturar los rasgos sobresalientes de esta práctica social diferenciándola de otros fenómenos cercanos, pero distintos, como la coerción y la moralidad (así comienza el prefacio del libro, Hart, 2012, VI), en los últimos años prominentes filósofos del derecho han sostenido que no hay un único concepto DERECHO[1].

Han sostenido que hay, por el contrario, una pluralidad de conceptos DERECHO que significan cosas diversas según los contextos en los que son empleados. No en el sentido obvio de que en castellano la palabra "derecho" es ambigua: no significa lo mismo dicha expresión en las siguientes oraciones: "El derecho

---

1   Se seguirá aquí la convención habitual ahora en la filosofía analítica de usar una palabra con todas las letras en mayúsculas para referirse al concepto que la palabra connota. Así: POEMA se refiere al concepto de poema, y no a su referencia, ni a la expresión lingüística, ni tampoco a la propiedad de ser un poema o al significado de "poema" (cuestiones estas últimas claramente relacionadas con el concepto POEMA, pero acerca de las cuales hay controversia en filosofía).

español prohíbe la pena de muerte", "Tengo derecho a que me prestes atención" o "Ve derecho hasta el próximo cruce"[2]. La filosofía del derecho no es una empresa lexicográfica. Sino en el sentido de que cuando la palabra "Derecho" se refiere al sistema jurídico español, norteamericano, argentino o al sistema jurídico de la Antigua Roma, hay que tener en cuenta que no connota un único concepto DERECHO, sino una pluralidad de ellos.

El primer autor que sostuvo claramente esta posición, hasta donde se me alcanza, fue Carlos Santiago Nino (1985b, 1994). Pero después ha sido asumida por diversos autores. En este trabajo analizaré también la posición de Ronald Dworkin (2006a, 2006b) y comentaré una forma realmente instructiva de comprender la pluralidad de conceptos de derecho, tal como la desarrolla Scott J. Shapiro (2011). Presentaré la posición de estos autores y, también, las dudas que suscita, para terminar defendiendo que una adecuada concepción de los conceptos no tiene por qué conducirnos a esta conclusión.

---

2   Una ambigüedad, por cierto, algo diferente a la que la expresión "Law" tiene en inglés, dado que en inglés se distingue entre "law" y "right" y, por lo tanto, "Law" no es pasible de algunas de las ambigüedades de "derecho" (y de las expresiones equivalentes en las lenguas latinas ("droit", "diritto") y en alemán ("Recht"). Pero es pasible de otras ambigüedades porque hay *laws of nature* (Boyle and Mariot's law) y *laws of logic* (law of Excluded Middle), por ejemplo. Véase RAZ (1994b: 198), SHAPIRO (2011: 7-8) y GARDNER (2012b: 177).

Nino (1994, 32) expresaba de este modo contundente su posición:

> Estas consideraciones sugieren que respecto del derecho, como sin duda en relación con muchos otros conceptos, lo apropiado sería adoptar una posición convencionalista. Según esta posición, el concepto de derecho surge de estipulaciones y prácticas que tienen en cuenta las necesidades del discurso en el que ese concepto se emplea. La consecuencia inmediata de esta posición es la admisión de que puede haber una *pluralidad de conceptos de derecho*, ya que las necesidades del discurso pueden variar en y con el discurso. La percepción de que hay diversos discursos relacionados con el derecho, con funciones y puntos de vista muy diferentes hace pensar que en ellos se emplean nociones de derecho diferentes, aunque es posible [...] que estén relacionadas entre sí.

Nino (1985b: 194-195), por otra parte, consideraba que una posición pluralista respecto a los conceptos DERECHO, tendría la virtud de aclarar y disolver algunas de las controversias más importantes en la teoría jurídica contemporánea:

> Es como si subsistiera un último reparo a abandonar un enfoque absolutista respecto de la noción básica del esquema conceptual que debe reconstruirse, y cuya singularidad permitiría dar unidad a todo el sistema de conceptos [...] Creo que el panorama de la filosofía del derecho se despejaría considerablemente y cambiaría en forma substancial la naturaleza

de los problemas a enfrontar… si admitimos que la 'clientela' de la filosofía jurídica no está constituida por un sólo discurso acerca del derecho (sea el de la ciencia jurídica o el de la sociología, o el de la administración de justicia, según las preferencias del filósofo), que se satisface mediante la reconstrucción de un aparato conceptual unitario, sino por una pluralidad de puntos de vista frente al derecho que requieren de distintos sistemas de conceptos.

Bien, pues estas son las tesis que deseo cuestionar en esta contribución ahora que se han cumplido los veinte años desde que nos dejó, lo que lamentablemente nos impide conocer sus agudas réplicas, con las que siempre nos impresionaba y, por qué no reconocerlo, a menudo nos abrumaba con su inteligencia extrema. Y lo haré del siguiente modo: en el segundo epígrafe se presentan los ocho conceptos de Derecho que Nino detectaba en la literatura teórico-jurídica. En el tercero, se presentarán los cuatro conceptos que Dworkin distingue. Con las ideas de Shapiro, en el cuarto epígrafe, se tratará de comprender la tesis de la pluralidad de conceptos de derecho como resultado de la ambigüedad ubicua de las expresiones "derecho" y "sistema jurídico", con la intención de mostrar que la idea de ambigüedad no es adecuada para reconstruir los conceptos referidos a prácticas humanas de carácter intencional. En el quinto epígrafe, y a partir de las conclusiones obtenidas en el anterior, se avanzarán algunas razones para dudar de la adecuación de los enfoques de Nino y Dworkin en este punto. En el sexto, se introducirá una visión general de la naturaleza y la estructura de los conceptos en la filosofía analítica contemporánea, con especial énfasis en su estructura para defender una concepción de los conceptos que combine la teoría de los prototipos con el enfoque teórico capaz de iluminar nuestra reconstrucción del concepto DERECHO. Y con ello se llegará a la conclusión de que es el mismo y único concepto DERECHO el que exhibe tanto una dimensión social como una dimensión significativa imbricada con lo normativo. Ser más consciente de ello arroja dudas sobre la tesis con arreglo a la cual las discrepancias acerca de la naturaleza del derecho son sólo disputas de palabras y permite atender a cómo estas discusiones presuponen desacuerdos filosóficos importantes. El debate que al respecto mantuvo Nino con Genaro R. Carrió cerrará el trabajo como muestra de este último punto.

2. LOS OCHO CONCEPTOS DE DERECHO EN NINO

Apoyado en este convencionalismo conceptual, Nino defendió que hay conceptos descriptivos de derecho, conceptos normativos y conceptos mixtos (1994: 35-40). En concreto son los siguientes:

En primer lugar, un *concepto descriptivo realista de derecho* (DERECHO$_1$), con arreglo al cual este concepto se refiere a los estándares que son o probablemente serán aceptados por los órganos de aplicación como justificación de sus decisiones. Lo atribuye a Alf Ross[3].

En segundo lugar, un *concepto descriptivo sistemático de derecho* (DERECHO$_2$), conforme al cual el concepto denota aquellas pautas identificadas como en el caso anterior y sus consecuencias lógicas. Lo atribuye a Carlos E. Alchourrón y Eugenio Bulygin[4].

En tercer lugar, el último de los conceptos descriptivos (DERECHO$_3$), que restringe el primero, dado que se limita a identificar los estándares reconocidos por los órganos de aplicación que han sido prescritos por cierta autoridad o provienen de cierta fuente. Y así excluyen las pautas, como los principios dworkinianos, que no proceden de fuente social alguna. Obviamente es Joseph Raz su más conspicuo defensor[5].

Y, a continuación, Nino nos propone tres conceptos normativos de derecho y dos mixtos. Son los siguientes:

En cuarto lugar, un *concepto de lege ferenda* (DERECHO$_4$), según el cual el derecho está integrado por todas aquellas pautas que deben ser reconocidas en el ejercicio del monopolio de la fuerza de los poderes públicos. Reconoce que este concepto puede afinarse en otros dos.

En quinto lugar, un *concepto normativo judicial amplio* (DERECHO$_5$), que se refiere a las pautas que deben

---

3   Véase, por ejemplo, Ross (1958).
4   Véase Alchourrón & Bulygin (1971, 1981).
5   Por ejemplo, Raz (1994a).

ser reconocidas por los órganos de aplicación en la decisión de los casos concretos. Puede haber pautas, añade, que aunque deben ser aceptadas por los legisladores no deben ser aplicadas por los jueces.

En sexto lugar, un *concepto normativo judicial restringido* (DERECHO$_6$), que restringe las pautas referidas en el supuesto anterior a aquellas que han sido prescritas por determinada autoridad legítima.

En séptimo lugar, el primer *concepto mixto de derecho,* (DERECHO$_7$), un concepto que identifica las pautas que los jueces de hecho aceptan y aplican y también aquellos que deben ser reconocidos como la mejor justificación de su práctica de aplicación. Como es obvio, lo atribuye a Ronald Dworkin[6].

Por último, el octavo concepto de derecho, un *concepto normativo hipotético de derecho,* (DERECHO$_8$), un conjunto de pautas sólo hipotéticamente válidas y que, por lo tanto, son de hipotética obligatoria aplicación para los órganos de aplicación. Una concepción que, sin duda, tiene sabor kelseniano[7].

De todo ello Nino concluye (1994: 41-42) que muchas de las tradicionales disputas iusfilosóficas son espúreas: así por ejemplo la discusión sobre las relaciones entre el Derecho y la moralidad. La respuesta es simple: para algunos conceptos de derecho, los conceptos normativos, hay necesariamente esta

---

6   Véase DWORKIN (1977, 1986).
7   Puede verse KELSEN (1960).

conexión; para otros, en cambio, los descriptivos, tal conexión es meramente contingente.

3. DWORKIN: LA CONCEPCIÓN INTERPRETATIVA DEL CONCEPTO DE DERECHO

Dworkin (2006a; 2006b: 2-5, 223-225) distingue cuatro conceptos de derecho. El primero, y fundamental para él, es el concepto *doctrinal* de derecho (DERECHO₁), que se encuentra usado cuando decimos cosas como el derecho español reconoce los matrimonios entre personas del mismo sexo o el derecho español prohíbe circular a más de 120 km/h por las autopistas. En la concepción de Dworkin, las dos anteriores oraciones expresan *proposiciones jurídicas* (*propositions of law*) y es controvertido de qué dependen sus condiciones de verdad. Es claro que, a menudo, dependen de lo que han establecido las autoridades legislativas, pero tal vez también los precedentes judiciales y, según Dworkin, los principios morales que mejor dan cuenta de la práctica jurídica en cuestión.

El segundo es el concepto *sociológico* de derecho (DERECHO₂), con el cual nos referimos a una particular estructura social de carácter institucional. Con este concepto podemos afirmar, por ejemplo, que el derecho sirve para reducir las agresiones contra la vida y la integridad física, o que los romanos desarrollaron una sofisticada y compleja forma de derecho (Dworkin, 1996b: 223).

En tercer lugar tenemos el concepto *taxonómico* de derecho (DERECHO₃), en virtud del cual distinguimos

aquellas pautas que integran un sistema jurídico de
otras pautas (morales, estéticas, aritméticas, etcétera) que no forman parte del derecho. Claro que ello
es compatible con que las condiciones de verdad de
algunas proposiciones jurídicas dependa de algunas
de estas pautas externas. Para identificar la proposición que establece que el derecho español prohíbe
circular por las autopistas a más de 120 km/h es necesario usar las reglas del sistema métrico decimal,
pero nadie diría que el sistema métrico decimal es
parte del derecho.

En cuarto y último lugar tenemos el concepto
aspiracional (*aspirational*) de derecho (DERECHO₄),
que establece el ideal de que el derecho se adecúe a
los estándares del Estado de derecho (la *rule of law*),
aunque a veces no alcance este objetivo.

Al menos en un lugar (2006b, 2, nota 1 en p. 263)
Dworkin se interroga acerca de si no podría replicar-
se a sus distinciones con el argumento de que sólo
existe un concepto DERECHO que es usado de modos
diversos. Y, aunque acepta que estos conceptos están
interrelacionados entre sí, rechaza el argumento porque sostiene que se refieren a realidades distintas. Así
el concepto doctrinal a proposiciones que pretenden
ser normativamente válidas; en cambio el concepto
sociológico se refiere a instituciones y a pautas de
comportamiento. Volveré enseguida sobre ello.

4. "Las palabras 'Derecho' y 'sistema jurídico' son ambiguas": Shapiro

Shapiro (2011: 4-7) sostiene que tanto "derecho" como "sistema jurídico" son palabras ambiguas. Pueden funcionar en el discurso como *sustantivos incontables* (*mass terms*), como dicen los lingüistas, así "nieve", "trigo", "dinero", y entonces se refieren a una cantidad no contable de normas jurídicas. De un modo semejante a como decimos que hay un exceso de nieve en el jardín podemos decir que en el derecho español hay un exceso de regulación sobre, por ejemplo, el acceso a las universidades públicas de los estudiantes. Pero "derecho" y "sistema jurídico" también puede referirse a una especial organización social. Y entonces decimos cosas como el derecho, o el sistema jurídico, disciplina el uso de la fuerza para referirnos a la organización social integrada por las autoridades legislativas que crean las normas, los jueces y Tribunales que las aplican o la policía que, a menudo, las ejecuta.

Entonces, para Shapiro, hay dos conceptos de derecho, DERECHO₁ y DERECHO₂, dado que la expresión "derecho" es ambigua. Del mismo modo que "luna" es ambiguo porque puede referirse al satélite de la tierra, LUNA₁, y también al cristal de un espejo, LUNA₂. Si Shapiro lleva razón, entonces no hay misterio alguno en la idea de la pluralidad de conceptos de derecho. "Derecho" cuando se refiere a un sistema jurídico es una palabra ambigua y, por lo tanto, denota realidades diversas y connota al menos más de un concepto.

Sin embargo, ni es claro que esta sea la idea de Nino y de Dworkin, aunque algunas veces parecen suscribirla, ni es claro que esta sea una idea plausible.

Mis dudas al respecto surgen dado que, si Shapiro llevara razón, entonces muchas palabras que se refieren a productos humanos de carácter intencional serían ambiguas: las novelas, las canciones, las conversaciones ordinarias, las obras de arte como los cuadros o las esculturas. Pensemos en la expresión "la canción *Yesterday* de los Beatles". De ella podemos decir cosas diversas, que se trata de la canción más escuchada del grupo, que es la canción más veces versionada de la historia, que fue (la letra y la música) creada por Paul McCartney, que dio a los miembros del grupo una cantidad increíble de beneficios. Pero también podemos decir que la canción evoca un desencuentro amoroso y que alcanza su estatus de balada romántica, al menos en parte, gracias al cuarteto de cuerda que acompaña su melodía. ¿Tenemos entonces dos conceptos YESTERDAY, (YESTERDAY$_1$ y YESTERDAY$_2$)? YESTERDAY$_1$ referido a la práctica de crear la canción y reproducirla y YESTERDAY$_2$ referido al contenido, el significado de la letra de la canción y la música. Creo que no. Todas las creaciones humanas intencionales tienen esta característica: tienen un contenido que sólo puede existir incorporado en un soporte físico que mantiene relaciones de causalidad con otros objetos del mundo. Se trata de la *misma* canción que consigue emocionarnos con una letra algo *naif* y adolescente, tal vez por haber hallado la melodía adecuada y que es abrumadoramente reproducida, que causa emociones diversas en multitud de oyentes, y que fue elaborada por McCartney. Todos los productos humanos intencionales integran un contenido significativo incorporado, como afirma Searle (1983: 151), *the body takes over*[8].

Esto ocurre, más simplemente, con las emisiones lingüísticas. Si yo digo a un amigo "Lograste que me enfadara", esta expresión tiene un contenido, por ejemplo presupone que el destinatario de la emisión hizo algo que me sentó mal, su dimensión locutiva; y a la vez expresa una queja y causa, supongamos, malestar y arrepentimiento en el destinatario (las dimensiones locutiva y perlocutiva).

Pero ello no significa que haya dos conceptos de emisión lingüística. Hay un solo concepto, aunque complejo, que tiene varias dimensiones relacionadas entre sí. El contenido de significado, aquello que la hace intencional, es lo que permite a la emisión tener después los efectos causales en el mundo, porque es proferida por alguien, dirigida a algún otro. Una práctica lingüística es una práctica social significativa, dotada de contenido. Lo mismo ocurre con el concepto de la canción *Yesterday*: YESTERDAY es un concepto complejo que se refiere a una práctica social significativa. Por cierto, esto no significa que la práctica esté determinada con absoluta precisión. Podemos discrepar si una versión, por ejemplo con

---

8 Me doy cuenta de la importancia de esta idea de SEARLE gracias a CELANO (*ms.*).

la letra traducida al español, es todavía una instancia de YESTERDAY, o con algún pequeño cambio en la letra o en la melodía. El concepto YESTERDAY, como todos los conceptos que se refieren al mundo, es vago.

5. EL CONCEPTO DERECHO

Trataré ahora de aplicar estas ideas al concepto DERECHO (SISTEMA JURÍDICO). Comenzaré con una anécdota instructiva que oí contar una vez a Eugenio Bulygin. El importante profesor español de Derecho Penal, Luis Jiménez de Asúa, que había sido presidente de la Comisión Constitucional encargada de elaborar el proyecto de Constitución de la II República española en 1931, después de la guerra civil se exilió en Buenos Aires (era un destacado miembro del Partido Socialista en España) y llegó a ser profesor de Derecho Penal en la Facultad de Derecho de la Universidad de Buenos Aires. A la vez, algunos de los exiliados españoles mantuvieron la ficción de continuidad de las instituciones republicanas, como modo de ejercer una presión internacional (infructuosa como bien sabemos) contra la dictadura del general Franco. En el exilio, Jiménez de Asúa fue elegido Presidente de las Cortes y, según el artículo 74 de la Constitución de la II República, el Presidente de las Cortes se convertía en Presidente de la República en caso de fallecimiento o incapacidad de este. En el año 1962 murió Diego Martínez Barrio, que era el Presidente de la República en el exilio, y lo sucedió en la presunta presidencia Luis Jiménez de Asúa. Entonces algunos profesores conservadores de la Facultad de Derecho de la Universidad de Buenos Aires arguyeron que debía ser aplicada una regulación de dicha Universidad que prohibía a los Jefes de Estado de otros países formar parte del claustro de la Universidad y solicitaron que Jiménez de Asúa fuese cesado.

Pues bien, con el concepto doctrinal de Derecho de Dworkin no hay una manera clara de oponerse a esta conclusión. Sin embargo, fue rechazada como una idea mendaz. Todo el mundo sabía que el Jefe del Estado español en 1962 era el general Franco, que había vencido una cruenta guerra civil y había impuesto un régimen dictatorial por medio de las armas y el terror. Jiménez de Asúa podía ser el Jefe del Estado español conforme a la Constitución de la II República, sin embargo el Derecho español no se fundaba ya en dicha Constitución y de acuerdo con las Leyes Fundamentales del franquismo el Jefe del Estado no era Jiménez de Asúa.

Para alcanzar esta obvia conclusión necesitamos darnos cuenta de que el concepto de Derecho español en 1962 se refería a un conjunto de normas en vigor, en virtud de determinados hechos sociales, trágicos en esta ocasión. Que con la victoria de Franco en la guerra civil, los operadores jurídicos en España (los legisladores, los jueces, la policía, los abogados, etcétera) identificaban el Derecho con las Leyes Fundamentales y la legislación creada de acuerdo con ellas. Unos lo hacían por convicción, otros lo hacían sólo por miedo. Pero lo hacían de este modo y la comunidad internacional así lo reconocía (a mitad

de la década de 1950 España fue aceptada como
miembro de Naciones Unidas, por ejemplo). Esto es,
la dimensión doctrinal del Derecho depende de su
dimensión social. Es imposible establecer lo que el
Derecho requiere en una determinada jurisdicción sin
una primera identificación de los hechos sociales de
los cuales depende la existencia de un determinado
sistema jurídico.

Por esta razón, es oportuna la consideración de
Gardner (2012a: 270) cuando sostiene que la afirmación de Dworkin (2006a: 95) de que los conceptos
doctrinal y sociológico de derecho están interconec-
tados es un *understatement*. Sucede que DERECHO dice
referencia a una práctica social con un determinado
contenido de significado. Nadie diría que el Parlamento o los jueces forman parte del Derecho, como
nadie diría que McCartney forma parte de la canción
Yesterday, pero el concepto de derecho es complejo
y presupone la existencia de dichas instituciones.
Dicho de un modo hartiano, la dimensión social del
derecho es su aspecto externo, que tiene relaciones
de causalidad en el mundo y la dimensión doctrinal constituye su aspecto interno, que captura su
significado.

¿Qué decir entonces de los otros dos conceptos
dworkinianos, el concepto taxonómico y el concepto
aspiracional?

Bien, por lo que respecta al concepto taxonómico, Dworkin (2006b: 232-240) lo considera una
cuestión intrascendente. Insiste en que aunque a
veces los jueces deben recurrir a las reglas de la

aritmética, así para calcular el monto de una deuda, dichas reglas no integran el derecho y, de un modo más relevante, que cuando el derecho español por ejemplo establece que la capacidad para testar de un extranjero, pongamos un croata, que otorga su testamento en España debe ser validada siguiendo las reglas del derecho de Croacia, no por ello dichas reglas se incorporan al derecho español. Este es un argumento múltiples veces usado por Joseph Raz (1979: 101-102, 119-120; véase también Coleman, 1998: 404-405). Sin embargo el argumento de Raz, a pesar de lo que dice Dworkin, no es un argumento meramente taxonómico, sino doctrinal. Cuando se trata de las reglas de la aritmética o del derecho de Croacia, Raz diría que las normas de la jurisdicción que remiten a otras normas pretenden autoridad y consiguen dirigir el comportamiento de los jueces, excluyendo otras consideraciones. Lo que ocurre en el caso de la moralidad es distinto y la razón por la que Raz (véase, por ejemplo, Raz, 2004) no admite la incorporación de conceptos y argumentos morales en la identificación del derecho es doctrinal, supone que dicha incorporación privaría al derecho de autoridad, porque dado que los jueces ya están sometidos a la moralidad y la moralidad dispone de jurisdicción universal, dichas pautas morales no consiguen desplazar las razones que el juez tiene para tomar su decisión, fracasando así como pautas dotadas de autoridad jurídica. Es decir, son las razones que llevan a moldear el concepto de derecho de Raz, un

concepto doctrinal, las que le llevan a la conclusión
que Dworkin califica de taxonómica[9].

Por último, en relación con Dworkin, ¿qué decir del
concepto aspiracional de Derecho? Bien, el concepto
aspiracional de Derecho es semejante al concepto de
derecho ideal, aquel que reúne en modo óptimo las
virtudes que, desde un punto de vista valorativo,
atribuimos a los sistemas jurídicos[10]. Ahora bien,
de igual manera que el concepto de bicicleta ideal
captura algún elemento nuclear de la naturaleza de
las bicicletas, y está conectado con nuestra noción
BICICLETA, pero no sirve para distinguir las bicicletas
de lo que no lo son, porque hay muchas bicicletas que
son bastante menos que ideales sin dejar de serlo, el
concepto aspiracional de derecho no es el concepto
DERECHO, aunque pueda iluminar aspectos de él, sino
sólo una particular instancia genérica de tal concepto.

Veamos ahora lo que ocurre con los ocho conceptos de DERECHO propuestos por Carlos S. Nino.
Bien, a pesar de la minuciosidad de Nino, creo que
los ocho conceptos pueden ser reducidos a tres: un
concepto descriptivo de derecho, un concepto normativo de derecho y un concepto mixto. Los tres
conceptos descriptivos, como los tres normativos,
son sólo refinamientos de una sola idea, un solo

---

9   Aunque no comparto la argumentación de RAZ (MORESO,
    2009: ensayo 10; 2013), este no es el lugar para reproducir esta
    discusión.

10 Una reciente y perspicua contribución a esta noción en LAPORTA
    (2007).

concepto. Por ejemplo, el hecho de discrepar acerca de si mis creencias incluyen lo que está implícito –implicado– en mis creencias explícitas o no, no es suficiente para decir que tenemos diversos conceptos CREENCIA. Se trata sólo de que discrepamos acerca de la mejor reconstrucción conceptual de dicha noción. Lo mismo ocurre con los conceptos descriptivos de derecho de Nino. Pero esto no es lo más relevante. Lo más relevante es que, al revés de lo que sucedía con Dworkin, sin atender a la dimensión normativa no es ni siquiera posible delimitar las pautas que vamos a considerar Derecho. Cuando los juristas norteamericanos discrepan acerca de si la enmienda octava de su Constitución, que prohíbe los *cruel and unusual punishments*, excluye o no la pena de muerte, no podemos resolver esta cuestión con un enfoque meramente descriptivo. Si la respuesta dependiera de lo que los Tribunales han hecho hasta ahora, esto es, no considerarla inconstitucional, entonces la polémica carecería de sentido. Si la polémica tiene sentido, y creo que la tiene, es porque no es posible determinar lo que la Constitución de los Estados Unidos establece sin atender a lo que presupone, y lo que presupone sólo puede identificarse mediante el uso de argumentos valorativos.

Es decir, el concepto DERECHO es un concepto complejo, *mixto* para decirlo con Nino, que hace referencia a determinadas prácticas sociales en un contexto necesariamente evaluativo. Esto comporta que el concepto DERECHO es un concepto controvertido, que hay una disputa genuina sobre cuál sea la naturaleza del derecho. Para hacer lugar a dicha posibilidad es aconsejable detenerse un poco en la naturaleza de los conceptos.

6. EL CONCEPTO DE CONCEPTO

Trataré aquí de presentar el panorama en la filosofía actual acerca de dos cuestiones centrales: i) la naturaleza de los conceptos y ii) la estructura de los conceptos (siguiendo de cerca Margolis & Laurence, 2014).

Acerca de la ontología de los conceptos hay tres opciones sobresalientes: los conceptos son o bien representaciones mentales, o bien aptitudes o bien entidades abstractas (sentidos fregeanos).

La primera posición, los conceptos como representaciones mentales, procede del empirismo clásico (era la concepción, como es sabido, de John Locke y David Hume). Para esta concepción los conceptos son entidades psicológicas que pueblan nuestras mentes formadas a partir de nuestra percepción sensorial de los objetos del mundo. Es la concepción predominante de los filósofos cercanos a los desarrollos de la ciencia cognitiva (véase por todos, Pinker, 1994).

La segunda posición surge como resultado del escepticismo wittgensteniano (Wittgenstein, 1953) acerca de la utilidad de las representaciones mentales en filosofía. Para esta concepción, los conceptos son aptitudes de los sujetos cognitivos que les permiten discriminar diversos objetos y sucesos en el mundo. El concepto ARBUSTO consiste en la aptitud de distinguir aquellas plantas que son arbustos de los demás objetos del mundo.

Para el tercer enfoque los conceptos son entidades *abstractas*, que integran y componen las proposiciones. Son las entidades que median entre el pensamiento y el mundo, de un lado, y la realidad a la que se refieren, su referencia, de otro (véase, por ejemplo, Peacocke, 1992).

Sin embargo, creo que no hace falta, para nuestro objetivo centrado en el concepto DERECHO, involucrarse en esta polémica. Tal vez sea posible generar alguna posición ecléctica, en la cual a nuestras aptitudes cognitivas a menudo, aunque tal vez no siempre, se asocian determinadas representaciones mentales que pueden ser contempladas como *tokens* de determinadas entidades abstractas. Sería posible, de hecho, mantener la posición de la pluralidad, y también su rechazo, del concepto de derecho en las tres concepciones. Sin embargo, tenerlas presentes nos hace más conscientes del trasfondo ontológico del debate.

En cambio, la segunda cuestión, la cuestión de la estructura de los conceptos, es crucial para pronunciarnos sobre la plausibilidad de la pretendida pluralidad de conceptos de derecho.

Disponemos, en primer lugar, de la *teoría clásica de los conceptos*, de acuerdo con la cual un concepto es una entidad compuesta de otros conceptos más básicos que constituyen las condiciones necesarias y suficientes para determinar si determinados objetos, sucesos o individuos caen bajo la referencia de dicho concepto. Así, muchas veces desde Aristóteles se ha repetido que el concepto SER HUMANO está integrado por dos conceptos más básicos: ANIMAL y RACIONAL. El problema más grave de la teoría es que pocas veces en filosofía las definiciones en términos de condiciones necesarias y suficientes han logrado su objetivo. El concepto SABER, como nos recuerdan Margolis & Laurence (2014), que desde Platón se suponía compuesto por los conceptos CREENCIA JUSTIFICADA VERDADERA, no ha podido superar el desafío de Gettier (1963) y la epistemología contemporánea puede ser vista, parcialmente, como un intento de enmendar o, al menos, completar esta definición. El concepto SABER ha devenido un concepto controvertido.

Por dicha razón, y otra vez de la mano de las ideas wittgenstenianas, se ha desarrollado la denominada *teoría de los prototipos*. Aquí ya no se exige una estructura definicional sino meramente una estructura probabilística. Para que una mata que hay en mi jardín caiga bajo el concepto ARBUSTO basta que reúna un determinado y suficiente número de propiedades, que no coinciden siempre con las propiedades que reúne otra mata que también cae bajo el concepto ARBUSTO. La idea wittgensteniana de *parecido de familia* ha sido desarrollada en psicología (véase, por ejemplo, Rosch, 1975).

Una concepción algo distinta es la que se halla en la *teoría del enfoque teórico de los conceptos* (*the theory theory of concepts*). Según dicha concepción, no es posible analizar el núcleo de nuestros conceptos sin poner en relación unos conceptos con otros, igual como sucede con los términos teóricos de las teorías científicas. Moldear un concepto es elaborar una teoría lo suficientemente amplia que lo incluya para explicar una parte de la realidad. El contenido del concepto está dado por la función que cumple en la teoría.

Hay también el denominado *atomismo conceptual*, con arreglo al cual los conceptos carecen de estructura semántica y su contenido no está determinado por su relación con otros conceptos sino por su relación con el mundo. Es una idea que sigue la huella anti-descriptivista de las teorías causales de la referencia (Kripke, 1980; Putnam, 1975) y que goza de algún predicamento en la filosofía actual (Fodor, 1998). Así, el concepto ÁRBOL se refiere a una determinada composición genética vegetal, que no depende de lo que los hablantes tenemos en nuestra cabeza (es una expresión que hizo fortuna con Putnam, 1975) cuando usamos las palabras, sino de cómo los conceptos refieren al mundo.

Dado este panorama, algunos autores se han inclinado por sostener que los conceptos tienen múltiples estructuras (véase Weiskopf, 2009). Un concepto como ARBUSTO en realidad es una pluralidad de estructuras, representaciones mentales, prototipos, elementos de una teoría y, por lo tanto, no hay un concepto ARBUSTO, sino $ARBUSTO_1$, $ARBUSTO_2$, $ARBUSTO_3$, etcétera. A algunos esta posición les conduce al *eliminacionismo conceptual*, a la supresión de los conceptos de nuestro arsenal filosófico puesto que no hay nada en común que nos permita introducir estas estructuras en nuestro arsenal filosófico (Machery, 2009).

En varios lugares Dworkin (véase sobre todo 1996b: 9-12) ha prestado atención a esta cuestión y ha sostenido que existen, al menos, tres tipos de conceptos: *criteriológicos*, *de clase natural* e *interpretativos*. Los primeros se corresponden con la teoría clásica de los conceptos, la teoría que establece condiciones necesarias y suficientes. Así el concepto TRIÁNGULO EQUILÁTERO es aquel polígono de tres lados de igual longitud. Los conceptos de clase natural se corresponden con la teoría del atomismo conceptual que considera, por ejemplo, que el concepto AGUA se refiere a la estructura atómica H_2O, o el concepto ELEFANTE a determinada estructura genética, ADN, de un animal. Dworkin, como es sabido, considera que el concepto DERECHO, como DEMOCRACIA, JUSTICIA, IGUALDAD y otros conceptos políticos, no son moldeables por las dos anteriores teorías. Son conceptos que presuponen una práctica, social y discursiva, pero en el seno de dicha práctica existe un amplio ámbito para la discrepancia y, por lo tanto, para la identificación de referentes distintos para distintos agentes. Creo que algo como el enfoque teórico de los conceptos es lo que Dworkin tiene en mente. Una *interpretación*, en estos ámbitos prácticos, funciona de manera semejante a como funciona una *teoría científica*.

Creo que Dworkin lleva razón en este punto. Pero creo que su concepción interpretativa debe ser completada por una teoría como la de los prototipos. Para que sepamos que nos estamos refiriendo al concepto DERECHO ESPAÑOL, para tener una pauta que unifique nuestras discrepancias, es preciso anclar dicho concepto en una práctica compartida. Las reflexiones de Dworkin (1986: 65-66) acerca de la fase preinterpretativa, en donde se identifica el núcleo de las pautas relevantes, contienen una sugerencia de esta idea. Alguien que no reconociera el conjunto de normas de la Constitución española de 1978 como parte central del Derecho español no estaría en condiciones de ofrecer una concepción adecuada y no estaría en posesión del concepto DERECHO ESPAÑOL.

Es cierto, sin embargo, que en alguna ocasión Dworkin desafía esta noción de prototipos, o como los denomina casos paradigmáticos, y sostiene (Dworkin, 1986: 72) que:

> Los paradigmas anclan las interpretaciones, pero ningún paradigma está seguro del desafío procedente de una nueva interpretación que da cuenta mejor de otros paradigmas y deja al anterior aislado como un error.

Puede ser que Dworkin lleve razón en algunos casos, pero como bien ha mostrado Endicott (1998), la afirmación contiene una exageración retórica. Igual que los conceptos de clases naturales tienen casos paradigmáticos (el pino que veo desde la ventana de mi jardín es un prototipo de árbol, por ejemplo), los productos sociales de carácter intencional tienen paradigmas. El concepto CANCIÓN está ejemplificado paradigmáticamente por *Yesterday*, y el concepto

NOVELA por *La fiesta del Chivo* de Mario Vargas Llosa.
Alguien que disputa esto, no comprende el lenguaje, no está en posesión de los conceptos CANCIÓN
y NOVELA.

Con lo cual, la que creo la mejor reconstrucción de
la estructura del concepto DERECHO es aquella que
combina la teoría de los prototipos con el enfoque
teórico de los conceptos. Es decir, aquella que da
cuenta de la capacidad de los sujetos cognitivos de
discriminar casos paradigmáticos de Derecho, que
se manifiesta en circunstancias como aquellas en
las que estando en un país extraño para nosotros
preguntamos a nuestros anfitriones si el derecho
del país prohíbe o no fumar en los restaurantes, y
que moldea el concepto DERECHO para dar cuenta de
su contenido en una tarea que tiene una dimensión
social (que explica que algunos sistemas jurídicos
prohíben fumar en los restaurantes y otros no lo
prohíben), y una dimensión evaluativa, capaz de
establecer en qué medida la existencia del Derecho
presupone determinados fundamentos morales, que
permite relacionar el concepto DERECHO con otros
conceptos como MORAL, JUSTICIA o COACCIÓN.

En este punto, como puede apreciarse, mi acuerdo
con las concepciones de Dworkin y Nino es muy amplio. También ellos creen relevante tomarse en serio
la dimensión del derecho como práctica social y la
dimensión del derecho como práctica justificativa
de las acciones y de las decisiones institucionales.
Lo único que critico de sus enfoques es que no apre-
ciaran con claridad que para conseguir dicho fin, y

anudar ambas dimensiones, es preciso considerar que están imbricadas en el mismo concepto. De no ser así, no estamos en condiciones de dar cuenta de la complejidad del fenómeno jurídico, apto a la vez para regular el comportamiento y estabilizar las expectativas de los miembros de nuestras sociedades y dar acomodo en su seno a genuinos y profundos desacuerdos acerca de su contenido.

7. Conclusión

El concepto DERECHO, cuando equivale al concepto SISTEMA JURÍDICO, es un concepto con una estructura compleja. Moldearlo y estar en posesión de él presupone ser capaz de comprender su dimensión social y de capturar algunos rasgos sobresalientes que están presentes en los casos paradigmáticos de aplicación del concepto. Es una idea que subyace al esfuerzo de Hart de explicar la naturaleza del derecho. Los usuarios competentes del concepto DERECHO son capaces de comprender, como bien dice Hart (2012: 3), que un sistema jurídico contiene los siguientes rasgos sobresalientes:

i) reglas que prohíben o prescriben ciertos tipos de conducta bajo la amenaza de aplicar una pena; ii) reglas que exigen que indemnicemos a quienes hemos dañado de cierta manera; iii) reglas que especifican qué es lo que tenemos que hacer para otorgar testamentos y celebrar contratos u otros negocios jurídicos que confieren derechos y obligaciones; iv) tribunales que determinan cuáles son las reglas y cuándo han sido vulneradas, y fijan el castigo a aplicar o la compensación que debe satisfacerse; v) una legislatura que crea nuevas reglas y deroga algunas de las anteriores.

Es cierto, también, que Hart no prestó seguramente la atención debida al hecho de que hay diversos modos de reconstruir los fundamentos que permiten establecer el contenido del derecho y que por dicha razón el concepto DERECHO es controvertido: hay diversas teorías del concepto y de la relación con otros conceptos que requieren embarcarse en una tarea evaluativa. En especial, de ahí la insistencia de Dworkin, en qué medida los fundamentos del contenido de aquello que es el derecho presupone consideraciones y argumentos morales[11].

El problema de la posición de Dworkin acerca de la pluralidad de los conceptos DERECHO tal vez resida en no haberse dado cuenta de que sin atender a la dimensión social del derecho no podemos elaborar el concepto doctrinal[12]. Para distinguir el sistema fiscal español del francés es preciso atender a algún modo de distinguir y separar las prácticas jurídicas de creación de las normas sobre impuestos españolas y francesas, y sólo una vez hemos logrado este fin es posible involucrarse en el debate doctrinal,

---

11 Véase el lúcido e influyente trabajo de GREENBERG (2004) al respecto.

12 Aunque pueden verse sus consideraciones en el último capítulo de DWORKIN (2011).

por ejemplo si, conforme al derecho español, determinados pagos en especie suponen ingresos a los efectos del impuesto sobre la renta de las personas físicas. El contenido del derecho es la dimensión interna de una práctica social que habita en el mundo y genera relaciones causales en él, es un contenido intencional incorporado en determinadas prácticas institucionales.

El problema de la posición de Nino, en cambio, es tal vez no haber prestado la atención debida al hecho de que no puede haber un concepto DERECHO meramente descriptivo, por la razón esgrimida por Joseph Raz (2001: 21):

> Al fin y al cabo la propia comprensión de Hart de su teoría, este es el fin de la cuestión, rechaza que la explicación de la naturaleza del derecho sea evaluativa. Para él, se trataba de una tarea 'descriptiva'. Por razones explicadas por John Finnis[13] y otros, creo que Hart está aquí en un error, y Dworkin está en lo cierto cuando sostiene que la explicación de la naturaleza del derecho involucra consideraciones evaluativas.

Por lo tanto, los conceptos DERECHO y SISTEMA JURÍDICO son conceptos con una estructura compleja, porque se refieren a productos sociales de carácter intencional. Tienen una dimensión social, externa, que descansa en un conjunto de prototipos incorporados

---

13 Véase FINNIS (1980: cap. 1).

en nuestras prácticas sociales y que somos capaces de discriminar. Son estas prácticas las que nos hacen accesible su contenido significativo, su dimensión interna, a pesar de que los fundamentos que ancoran dicho contenido son controvertidos. Pero este hecho no ha de llevarnos a considerar que existen diversos conceptos de derecho, sino a seguir argumentando para desarrollar la mejor teoría que dé cuenta de ambas dimensiones. Suponer que estas controversias y desacuerdos muestran que estamos frente a debates de palabras es, como mínimo, una asunción carente de la suficiente justificación. Son controversias genuinas y sólo tomándolas de este modo conseguiremos agudizar nuestra propia concepción de la naturaleza del derecho.

Parte de ello anima, según creo, la crítica que Genaro R. Carrió (1990) realizó a esta tesis de Nino[14].

---

14 CARRIÓ escribió su trabajo para un homenaje a NORBERTO BOBBIO, publicado en 1983 (ahora en CARRIÓ, 1990) precisamente como objeción a un trabajo de NINO (donde tempranamente expone su tesis, NINO, 1980, ahora en NINO, 1985a), que era una crítica a DWORKIN. Nino también replica a CARRIÓ (NINO, 1985c), pero más interesado en defender su posición normativa que su tesis de la pluralidad de los conceptos de Derecho. Una buena guía para orientarse en este laberinto es ROCA (2005: 138-161). También RUIZ MIGUEL (1997) cree, con buenas razones, que NINO no consigue mostrar que la polémica entre iusnaturalismo y iuspositivismo sea una mera cuestión de palabras. Sobre los argumentos de RUIZ MIGUEL puede verse también BAYÓN (1996), que distingue entre el derecho identificado desde el punto de vista del observador y el derecho identificado desde el punto de vista del participante. El interés de BAYÓN

Según Carrió, también el positivismo jurídico trata de dar cuenta de la dimensión normativa del derecho y Nino, según Carrió (1990: 401), presenta de modo sesgado las posiciones iuspositivistas como si sólo reconstruyeran la dimensión descriptiva del derecho. No creo, sin embargo, que la reconstrucción de la dimensión normativa del derecho por parte de Carrió esté exenta de problemas y, en este punto, Nino presentaba dicha dimensión de un modo más perspicuo. Ahora bien, en relación con la tesis de la pluralidad de conceptos de derecho, insisto, creo que Carrió llevaba la razón y que la polémica sobre la naturaleza del Derecho no se puede despachar como una mera cuestión de palabras. Como otros conceptos con dimensión normativa, la naturaleza de lo que representan es controvertida. Como una vez dijera von Wright (1963: 6), las palabras (como "derecho", "democracia", "justicia", por ejemplo) "están, por así decirlo, a la búsqueda de un significado"[15].

---

es epistémico más que conceptual y, por ello, sus argumentos no son analizados aquí.

15 Deseo agradecer los valiosos comentarios que hicieron a una versión previa del trabajo SEBASTIÁN AGÜERO y un anónimo evaluador de *Análisis Filosófico*. El trabajo ha sido escrito con el marco de los proyectos *Global Constitutionalism and Global Justice*, financiado por el Ministerio español de Economía y Competitividad y *Grupo Consolidado de Investigación de Filosofía del Derecho* de la Generalitat de Catalunya.

Referencias

Alchourrón, C. E. & Bulygin, E. (1971). *Normative Systems*. New York-Wien: Springer.

Alchourrón, C. E. & Bulygin, E. (1981b). "The Expressive Conception of Norms". En R. Hilpinen (Ed.), *New Studies in Deontic Logic* (pp. 95-121). Dordrecht: Reidel.

Bayón, J. C. (1996). "Pertecipanti, osservatori, e identificazione del diritto". En P. Commanducci & R. Guastini (a cura di), *Struttura e dinámica dei sistema giuridici* (pp. 47-64). Torino: Giapichelli.

Beatles, The (1965). "Yesterday (letter and music by Paul McCartney)". En The Beatles, *Help*. London: Parlophone Records.

Borges, J. L. (1980). "La poesía". En J. L. Borges, *Siete noches* (cap. 6). Buenos Aires: Fondo de Cultura Económica.

Carrió, G. R. (1983). "Una reciente propuesta de conciliación entre el jusnaturalismo y el positivismo jurídico". En U. Scarpelli (Ed.), *La teoria generale del diritto. Problemi e tendenze attuali. Studi dedicati a Norberto Bobbio* (pp. 361-385). Milano: Ed. di Comunità.

Carrió, G. R. (1990). "Un intento de superación de la controversia entre positivistas y jusnaturalistas (réplica a Carlos S. Nino)". En G. R. Carrió, *Notas sobre derecho y lenguaje* (4ª ed.) (pp. 375-404). Buenos Aires: Abeledo-Perrot.

CELANO, B. *(ms.)*, *Pre-convenzione: un frammento dello Sfondo.*

COLEMAN, J. L. (1998). "Incorporationism, Conventionality and the Practical Difference Thesis". *Legal Theory*, 4, 381-426.

DWORKIN, R. (1977). *Taking Rights Seriously*. London: Duckworth.

DWORKIN, R. (1986). *Law's Empire*. Cambridge, MA: Harvard University Press.

DWORKIN, R. (2006a). "Hart and the Concepts of Law". *Harvard Law Review Forum*, 119, 95-104.

DWORKIN, R. (2006b). *Justice in Robes*. Cambridge, MA: Harvard University Press.

DWORKIN, R. (2011). *Justice for Hedgehogs*. Cambridge, MA: Harvard University Press.

ENDICOTT, T. A. O. (1998). "Herbert Hart and the Semantic Sting". *Legal Theory*, 4, 283-301.

FINNIS, J. (1980). *Natural Law and Natural Rights*. Oxford: Oxford University Press.

FODOR, J. (1998). *Concepts. Where Cognitive Science Went Wrong*. Oxford: Oxford University Press.

GARDNER, J. (2012a). "Law in General". En J. GARDNER, *Law as a Leap of Faith* (cap. 11). Oxford: Oxford University Press.

Gardner, J. (2012b). "The Legality of Law". En J. Gardner, *Law as a Leap of Faith* (cap. 7). Oxford: Oxford University Press.

Greenberg, M. (2004). "How Facts Make Law". *Legal Theory*, 10, 157-198.

Gettier, E. L. (1963). "Is Justified True Belief Knowledge?". *Analysis*, 23, 121-123.

Hart, H. L. A. (1961). *The Concept of Law*. Oxford: Oxford University Press.

Hart, H. L. A. (2012). *The Concept of Law* (third edition with an introduction by Leslie Green). Oxford: Oxford University Press.

Kelsen, H. (1960). *Reine Rechtslehre* (2nd ed.). Wien: Franz Deuticke.

Kripke, S. (1980). *Naming and Necessity*. Oxford: Basil Blackwell.

Laporta, F. J. (2007). *El imperio de la ley. Una visión actual*. Madrid: Trotta.

Machery, E. (2009). *Doing without concepts*. Oxford: Oxford University Press.

Margolis, E. & Laurence, S. (2014). "Concepts". *The Stanford Encyclopedia of Philosophy* (Spring 2014, Ed.), Edward N. Zalta (Ed.). Recuperado de http://plato.stanford.edu/archives/spr2014/entries/concepts/.

Moreso, J. J. (2009). *La Constitución: modelo para armar*. Madrid: Marcial Pons.

MORESO, J. J. (2013). *Ethica more iuridico incorporata*. México: Fontamara.

NINO, C. S. (1980). "Dworkin and Legal Positivism". *Mind*, 89, 519-543.

NINO, C. S. (1985a). "La superación de la controversia 'positivismo *vs.* iusnaturalismo' a partir de la ofensiva antipositivista de Dworkin". En C. S. NINO, *La validez del Derecho* (pp. 145-174), Buenos Aires: Astrea.

NINO, C. S. (1985b). "El enfoque esencialista del concepto de Derecho". En C. S. NINO, *La validez del Derecho* (pp. 175-196). Buenos Aires: Astrea.

NINO, C. S. (1985c). "Hay deberes y 'deberes': respuesta a Carrió". En C. S. NINO, *La validez del Derecho* (pp. 209-222). Buenos Aires: Astrea.

NINO, C. S. (1994), *Derecho, moral y política. Una revisión de la teoría general del derecho*. Barcelona: Ariel.

PEACOCKE, CH. (1992). *A Study of Concepts*. Cambridge, MA: MIT Press.

PINKER, S. (1994). *The Language Instinct: The New Science of Language and Mind*. London: Penguin.

RAZ, J. (1979). *The Authority of Law*. Oxford: Oxford University Press.

RAZ, J. (1994a). "Authority, Law and Morality". En J. RAZ, *Ethics in the Public Domain* (cap. 10). Oxford: Oxford University Press.

RAZ, J. (1994b). "The Problem about the Nature of Law". En J. RAZ, *Ethics in the Public Domain* (cap. 9). Oxford: Oxford University Press.

RAZ, J. (2001). "Two Views of the Nature of the Theory of Law: A Partial Comparison". En J. COLEMAN (Ed.), *Hart's Postscript* (cap. 1). Oxford: Oxford University Press.

RAZ, J. (2004). "Incorporation By Law". *Legal Theory*, 10, 1-17.

ROCA, V. (2005). *Derecho y razonamiento práctico en Carlos S. Nino*. Madrid: Centro de Estudios Políticos y Constitucionales.

RUIZ MIGUEL, A. (1997). "Derecho y punto de vista moral". *Anuario de Filosofía del Derecho*, 14, 571-597.

ROSCH, E. (1975). "Cognitive Representation of Semantic Categories". *Journal of Experimental Psychology*, 104, 192-233.

ROSS, A. (1958). *On Law and Justice*. London: Stevens & Sons.

SEARLE, J. (1983). *Intentionality. An Essay in the Philosophy of Mind*. Cambridge: Cambridge University Press.

SHAPIRO, S. J. (2011). *Legality*. Cambridge, MA: Harvard University Press.

VON WRIGHT, G. H. (1963). *The Varieties of Goodness*. London: Routledge & Kegan Paul.

WEISKOPF, D. A. (2009). "The Plurality of Concepts". *Synthese*, 169, 145-173.

WITTGENSTEIN, L. (1953). *Philosophical Investigations*, G. E. M. Anscombe (Ed.). Oxford: Basil Blackwell.

SOBRE SEIS POSIBLES CONEXIONES NECESARIAS ENTRE EL DERECHO Y LA MORAL (HOMENAJE AL PROFESOR ANDRÉS OLLERO)

> [...] sometimes, I've believed as many as six impossible things before breakfast.
>
> LEWIS CARROLL (1871: cap. V).

> Gobierno es una palabra que todos usamos y es una de las palabras que
> Oliveira me reprocharía en este momento porque cree que la palabra gobierno
> debería guardarse para los buenos gobiernos.
> Cuando no son buenos
> habría que hablar directamente de lo que era: una de las muchas
> dictaduras militares de América Latina.
>
> JULIO CORTÁZAR (2013: 237).

1. EL PAISAJE CONCEPTUAL

Ha sido un lugar común sostener que aquello que distingue las doctrinas iusnaturalistas de las doctrinas iuspositivistas es que las primeras sostienen,

101

mientras que las segundas rechazan, que entre el derecho y la moral existe una conexión de carácter conceptual, una conexión necesaria. H. L. A. Hart (1980: 3) sostuvo la tesis bajo el nombre *la separación conceptual del derecho y la moralidad*:

> Arguye que aunque existen numerosas e importantes conexiones entre el derecho y la moralidad, de modo que frecuentemente, hay una coincidencia o solapamiento 'de facto' entre el derecho de algún sistema y las exigencias de la moralidad, tales conexiones son contingentes, no necesarias lógica ni conceptualmente.

No obstante, recientemente John Gardner (2001: 222-223), quien ocupa la cátedra *Jurisprudence* en Oxford, la que ocupara Hart en las décadas 1950 y 1960, ha calificado la tesis de la separación entre el derecho y la moral como el *mito* favorito de los estudiantes de teoría jurídica acerca del positivismo jurídico, y ha añadido que se trata de "una tesis absurda que ningún filósofo del derecho relevante ha aceptado". Una discrepancia tan grande sugiere que bajo dicho rótulo, en realidad, se esconden diversas tesis. Algunas de ellas claramente aceptables (esto es parte del argumento de Gardner, y lleva razón), otras mucho más controvertidas. En este trabajo presentaré seis tesis distintas relacionadas en la literatura, de un modo u otro, con la idea de la conexión necesaria, y analizaré su plausibilidad y alcance. Espero con ello contribuir de un modo conveniente al homenaje al

profesor Ollero, quien desde sus primeras publicaciones (por ejemplo, 1973, 1982) ha mantenido una
posición original al respecto.

1.1. La conexión semántica: *lex iniusta non est lex*

A menudo las doctrinas del derecho natural han sido
asociadas con esta tesis de carácter semántico: las
regulaciones *injustas* de las autoridades políticas no
alcanzan el estatus de Derecho, no adquieren validez
jurídica. Siempre se alude en estos casos a Cicerón,
Agustín de Hipona y Tomás de Aquino.

Efectivamente, Cicerón (1959: II. 13) arguyó que
las leyes injustas no merecen el nombre de leyes del
mismo modo que las prescripciones de sustancias
venenosas establecidas por ignorantes e inexpertos,
en lugar de por médicos, no merecen el nombre de
prescripciones *médicas*[1]. Agustín de Hipona (2014:
I. 5. 11) escribió: "No me parece ser ley la que fuese

---

1   Como puede verse, se trata del mismo argumento del perso-
    naje de *Rayuela*, OLIVEIRA, en el pasaje de CORTÁZAR traído a
    colación al comienzo de este trabajo. Este es el pasaje de CI-
    CERÓN: "*Quid quod multa perniciose, multa pestifere sciscuntur in
    populis, quae non magis legis nomen adtingunt, quam si latrones
    aliqua consensu suo sanxerint? Nam neque medicorum praecepta
    dici vere possunt, si quae inscii inperitique pro salutaribus mortife-
    ra conscripserint, neque in populo lex, cuicuimodi fuerit illa, etiam
    si perniciosum aliquid populus acceperit. Ergo est lex iustorum
    iniustorumque distinctio, ad illam antiquissimam et rerum omnium
    principem expressa naturam, ad quam leges hominum diriguntur,
    quae supplicio inprobos adficiunt, defendunt ac tuentur bonos*".

injusta"[2]. Y Tomás de Aquino (1888: I-II, q. 95.a.2co),
siguiendo a Agustín, añadió que lo que contradice la
ley natural no es ley sino corrupción de ley[3].

Sin embargo, ¿quiere ello decir que los clásicos
del derecho natural pensaban que las regulaciones
injustas de las autoridades no son derecho? Ello no
es tan claro. Destacados iusnaturalistas actuales han
argüido, con buenas razones, que lo establecido por
dicha doctrina es que las regulaciones injustas de
las autoridades no son derecho en un sentido *focal*,
en un sentido pleno, aunque sean derecho en algún
sentido. No son derecho *simpliciter*, aunque son derecho *secundum quid*[4]. Ocurre de modo semejante al
de un viejo coche que una persona tiene en su jardín
y donde juegan los niños, un coche que hace décadas
no circula y que ya no es recuperable para dicho uso,
pero que es todavía un coche en algún sentido (todo
el mundo entiende cuando dice "sal del coche, por
favor, y ven a comer ya"), si bien en otro sentido ya
no es plenamente un coche.

Esta es también la posición de Andrés Ollero
(Ollero, 2012: 27)[5]. Por ejemplo: "El mismo Tomás de
Aquino no diría que no nos hallamos ante una ley,

---

2   *"Nam mihi lex esse non videtur, quae iusta non fuerit".*
3   *"Si vero in aliquo, a lege naturali discordet, iam non erit lex sed legis
    corruptio".*
4   Véase, en este sentido, la reconstrucción de las ideas de TOMÁS
    DE AQUINO por parte de JOHN FINNIS (1980: 351-370).
5   Véase también, y en el mismo sentido, GARZÓN VALDÉS (1996:
    398-399). GARZÓN VALDÉS también desarrolla seis versiones de

sino que se trata de una ley corrompida; no deja pues de ser jurídica, aunque por serlo de modo deficiente merezca también una negativa evaluación moral".

1.2. La conexión semántica cualificada: *lex iniustissima non est lex*[6]

Como es sabido, G. Radbruch defendió una versión cualificada de la fórmula tradicional atribuida al iusnaturalismo. Una versión que puede ser expresada con sus propias palabras del siguiente modo (Radbruch, 1946: 107)[7]:

> El conflicto entre la justicia y la seguridad jurídica puede ser solucionado en el sentido de que el derecho positivo asegurado por su sanción y el poder tiene prioridad aun cuando su contenido sea injusto y disfuncional, a menos que la contradicción entre la ley positiva y la justicia alcance una medida tan insoportable que la ley, en tanto *derecho injusto*, tenga que ceder ante la justicia.

Dicha tesis ha sido recuperada en los últimos años de un modo especialmente influyente por Robert

---

la tesis de la vinculación, algunas de ellas coinciden (plena o parcialmente) con las aquí desarrolladas, pero no todas.

6   Se exponen aquí algunas de las ideas que ya aparecían en MORESO (2009: ensayo 14).

7   Véanse también PAULSON (1995, 2006), SEOANE (2002), HALDE-MANN (2005) y BIX (2006).

Alexy. No me detendré a analizar detalladamente el significado y alcance de la fórmula de Radbruch: más allá de las intenciones de Radbruch, mi único propósito aquí es tratar de mostrar que el modo en que Alexy entiende esta fórmula no constituye un modo inequívoco de establecer la conexión necesaria entre derecho y moral, aunque esta sea su pretensión[8]. Para Alexy, hay que distinguir entre la perspectiva del observador y la del participante para analizar dicha fórmula. Desde la perspectiva del observador la fórmula no funciona, y desde la perspectiva del participante Alexy sostiene que la aceptación de la fórmula debe ser justificada desde el punto de vista normativo, puesto que "existe un amplio consenso acerca de que la fórmula radbruchiana no puede ser decidida solamente sobre la base de argumentos analíticos o conceptuales"[9]. Alexy presenta hasta ocho argumentos para justificar que los jueces y demás participantes adopten tal punto de vista. Más allá de los argumentos, que son en general convincentes, es claro que de este modo no se establece una conexión conceptual sino contingente: si los jueces se comportan de este modo y no aplican algunas leyes por ser extremadamente injustas, y esta doctrina se acepta en la comunidad judicial, entonces la fórmula de Radbruch está en vigor en dicha sociedad; si no se usa nunca este argumento en los tribunales y la práctica

---

8   Las ideas del autor en Alexy (1997: 34-85; 1999).
9   Alexy (1997: 46).

jurídica, entonces no está en vigor. El Tribunal Constitucional Alemán y otros tribunales alemanes han usado algunas veces la fórmula de Radbruch para declarar nulas leyes en vigor durante el nazismo o para castigar comportamientos no obviamente ilegales en la República Democrática Alemana antes de la caída del muro, como los homicidios cometidos por los guardianes del muro que acabaron con la vida de ciudadanos que huían del Berlín este al Berlín oeste. Hay, incluso, un debate sobre en qué medida una importante sentencia del Tribunal Europeo de Derechos Humanos, que confirma las condenas de los Tribunales de la República Federal Alemana por la responsabilidad en los homicidios en la frontera, admite o no la fórmula de Radbruch[10]. El hecho de que la pregunta sea meramente posible muestra que no concebimos que la fórmula de Radbruch establezca conexión conceptual alguna.

1.3. La conexión ontológica: la existencia del derecho tiene valor moral

En el siglo XX, la teoría de Lon Fuller (1969) ha sido la que, con mayor énfasis, ha defendido que el derecho

---

10 Se trata del caso *Streletz, Kessler & Krenz* vs. *Germany*-34044/96; 35532/97; 44801/98 [2001]. European Court of Human Rights 230 (22 March, 2001), interpretando que se incorporó la fórmula AARNOLD, KARSTEN & KREICHER (2003), y arguyendo por el rechazo de la fórmula en la sentencia MILLER (2001). A OLLERO (2012: 27) tampoco le parece convincente la fórmula.

posee algunos rasgos que configuran su dimensión
moral. Se trata, como es sabido, de rasgos formales
o procedimentales, no de su contenido: la generali-
dad de las normas jurídicas, el hecho de que sean
públicamente promulgadas, que no tengan carácter
retroactivo, que estas sean claras y comprensibles,
que no impongan deberes en contradicción, que sea
posible cumplir lo que prescriben, que tengan un grado suficiente de estabilidad y que haya congruencia
entre las normas formuladas y su aplicación.

Esta idea es aceptable para muchos, incluidos
muchos iuspostivistas[11]. Véase por ejemplo esta
afirmación de Joseph Raz (2009: 318):

> Hay un número indefinido de propiedades morales
> que el derecho de todos los países debe poseer [...]
> Es la verdad que hay en las pretensiones de Fuller de
> que algunos rasgos formales, en sí mismos no mo-
> rales, son rasgos necesarios del derecho, tales como
> su apoyo en estándares generales, la restricción de
> la arbitrariedad, y dicha verdad muestra que estos
> rasgos están entre los que establecen una conexión
> necesaria entre el derecho, especificado sin referencia
> a la moralidad, y la moralidad.

---

11 Véanse las pertinentes dudas de H. L. A. HART acerca de cómo
estos rasgos no tienen sólo una dimensión formal sino también
sustantiva en HART (1983: 350-351). En España, la defensa de
una posición cercana a Fuller más perspicua puede verse en
LAPORTA (2007).

No es una idea sin detractores, no obstante. Matthew Kramer (1999: 53-58) ha argüido que la posesión de los rasgos formales de Fuller es compatible con un régimen desposeído de todo valor moral. Y, es más, que una tiranía (pensemos en las reglas de un campo de concentración), que aplica las reglas sujeta a dichos rasgos, así la congruencia entre la implementación y lo que establecen las reglas, puede ser menos valiosa, más inicua, podríamos decir, que una tiranía con las mismas reglas pero con una implementación más benigna (es menos fulleriana pero más benigna)[12].

Tal vez un símil ayudará a comprender las dudas respecto del valor moral del derecho. La amistad es, sin duda, una relación entre personas que expresa un valor moral. No comprendemos lo que comporta la relación de amistad en sí, sino que comprendemos que dicha relación es valiosa, que instancia un conjunto de rasgos morales que apreciamos y que merecen el aprecio. Por ello, de la afirmación de que Desmond Tutu es amigo de Nelson Mandela, en su contexto de la lucha contra el Apartheid en Sudáfrica, se puede deducir que Desmond Tutu debe contribuir, tiene una razón para hacerlo, a los objetivos políticos de Mandela. Sin embargo, del hecho de que Joseph Goebbels es amigo de Adolf Hitler no puede deducirse que Goebbels deba contribuir a que Hitler se

---

12 Instructiva al respecto es su discusión con SIMMONDS (1986: 119-123).

salga con la suya. Ciertamente, afirmar que alguien es amigo de otro supone atribuir a una relación entre personas algún valor, pero la instanciación de ese valor puede ser tan defectuosa que no suministre razones para actuar en determinado contexto[13].

Los regímenes que constituyen *tiranías perfectas*[14] (Hitler, Stalin, Pol-Pot), tal vez con la excepción de evitar males todavía mayores, ya no están en situación de ofrecer razones para obedecerlos y sólo nos queda rebelarnos contra ellos. En este sentido, puede discutirse si las tiranías perfectas han perdido plenamente la aptitud para instanciar valores morales.

1.4. La conexión normativa: la pretensión de autoridad

Esta conexión aparece bien establecida en el siguiente texto de Ernesto Garzón Valdés (1996, 399)[15]:

> Se admite que la presencia de lo que Hart[16] ha llamado 'punto de vista interno' es una condición necesaria para la existencia de un orden jurídico positivo. Este punto de vista tiene que ser distinguido, de acuerdo

---

13 Este ejemplo fue usado previamente en MORESO (2008).

14 La expresión y la relevante discusión es de KAVKA (1986: 254-266).

15 GARZÓN VALDÉS ya había defendido este punto (GARZÓN VALDÉS, 1993). Véanse también SOPER (1989), MACCORMICK (1994) y POSTEMA (1987).

16 Véase HART (2012: 89-91).

también con Hart, del 'punto de vista externo'. Ambos se refieren a las razones que pueden tenerse para obedecer el derecho. En el caso del punto de vista externo, estas son de tipo prudencial. Dado que las razones para obedecer el derecho sólo pueden ser prudenciales o morales, el punto de vista interno implicaría una adhesión a las normas del derecho por razones morales. El punto de vista interno podría ser traducido, pues, sin inconveniente semántico, como punto de vista moral. Sin la presencia de este punto de vista moral, de por lo menos los gobernantes, no sería posible decir que un sistema jurídico positivo existe. Dicho con otras palabras: todo enunciado de existencia de un sistema jurídico positivo presupondría la existencia de un punto de vista moral. Es decir, habría una relación necesaria entre moral y derecho.

Esta también es la posición de Joseph Raz, aunque con argumentos parcialmente diversos. Según Raz, es un rasgo definitorio de la naturaleza del derecho pretender autoridad. Raz acepta la distinción entre autoridades legítimas y autoridades *de facto*, pero sostiene que para ser una autoridad *de facto* es preciso *pretender* la legitimidad, aunque dicha pretensión resulte, a la final, fallida. Lo dice así (1994: 199):

Argüiré que, aunque un sistema jurídico puede carecer de autoridad legítima, o aunque su autoridad legítima no sea tan extensa como pretende, todos los sistemas jurídicos pretenden poseer autoridad legítima. Si la pretensión de autoridad es parte de la naturaleza del derecho, entonces sea lo que fuere el derecho debe ser capaz de poseer autoridad.

Por lo tanto, es un rasgo definitorio del derecho la pretensión de autoridad, autoridad para dictar normas y requerir obediencia de sus destinatarios. Algo semejante ha argüido Robert Alexy (1989) bajo el rótulo de *pretensión de corrección*. Según Alexy, una constitución, por ejemplo, no puede, sin contradicción pragmática, sostener que sus disposiciones son injustas; debe pretender la justicia para intentar lograr a los ciudadanos a cumplirlas.

Podríamos concluir que, sobre este tipo de conexión necesaria, hay un amplio acuerdo en la iusfilosofía contemporánea[17]. Pero no es un acuerdo unánime (véase la discusión de Kramer, 1999: 78-112). Las dudas surgen de lo que plantea Kavka (1986) en un fascinante libro sobre la teoría política y moral de Hobbes. Kavka cree que sí sería posible la existencia de una *tiranía perfecta*, un régimen en donde los gobernantes lo son por propio interés y todos los gobernados obedecen únicamente por miedo (Kavka, 1986: 257), y lo justifica con este argumento:

> ¿Cómo es posible una tiranía perfecta –la obediencia de los ciudadanos que unánimemente se oponen a un gobernante–, incluso en principio? La solución a

---

17 Véase, por todos, la aceptación de un argumento semejante al de ALEXY en Atienza (2001: 110-111).

la paradoja es esta: los ciudadanos racionales pueden obedecer a un gobernante inicuo y universalmente indeseado por el miedo de unos hacia otros. Esto es, cada ciudadano obedece por miedo que algunos de sus conciudadanos respondan a las órdenes del gobernante castigándolo si no lo hace. Entonces, el ciudadano A obedece por miedo hacia los ciudadanos B, C *et al.*; B obedece por miedo hacia A, C *et al.*, y así sucesivamente. En esta situación las creencias de los ciudadanos racionales de que sus iguales les castigarán por no seguir las órdenes del gobernante constituye una red de expectativas mutuas interrelacionadas, una 'red del miedo', que suministra a cada ciudadano motivo suficiente para la obediencia.

No será analizada aquí la plausibilidad de esta propuesta, pero sirve para caer en la cuenta de que cuando se habla de la pretensión de legitimidad (corrección, autoridad) del derecho, so pena de caer en un antropomorfismo difícilmente justificable, nos estamos refiriendo a las pretensiones de las personas que viven en un determinado régimen político-jurídico. Si el argumento de Kavka tiene alguna plausibilidad conceptual, deberíamos revisar algunas de las conclusiones de la tesis que presupone esta conexión[18].

---

18 Véase, por ejemplo, BAYÓN (1991: 457-459).

1.5. La conexión identificativa: el derecho incorpora necesariamente la moralidad

En la filosofía del derecho de las últimas décadas ha sido ampliamente debatida la siguiente tesis, que denominaré *la tesis de la incorporación* (TI):

> (TI) Cuando las fuentes del derecho (la Constitución, las leyes, los precedentes judiciales, por ejemplo) incluyen conceptos y consideraciones morales, lo que el Derecho establece ha de ser identificado mediante el uso de la argumentación moral.

La cuestión debatida es doble: en primer lugar, ¿es esta una tesis verdadera? Y en segundo lugar, si lo es, ¿la conexión identificativa establecida es necesaria o contingente?[19].

El denominado *positivismo jurídico excluyente* defiende que se trata de una tesis falsa. En la literatura relevante la imposibilidad de la conexión se sostiene de dos modos, al menos, muy diversos entre sí. Uno procede de una posición escéptica en materia ética, con arreglo a la cual cuando el derecho remite a la moralidad realiza una remisión vacía, una remisión *en blanco*, puesto que el objeto de la remisión es

---

19 Recientemente he desarrollado estas ideas y he presentado una defensa del positivismo jurídico incluyente en MORESO (2013). Aquí presento sólo las tres conexiones con la intención de señalar que esta sigue siendo una cuestión controvertida en la iusfilosofía del presente.

inexistente dado que el escepticismo ético rechaza que haya razones morales objetivamente válidas que puedan servir para determinar mediante la argumentación moral el contenido del derecho[20].

Sin embargo, existe otro modo de defender la tesis de la conexión imposible, que comporta la misma lectura estricta de la tesis de las fuentes sociales del derecho atribuible al positivismo jurídico. Se trata del modo en que la ha venido defendiendo desde hace más de treinta años Joseph Raz (1979: cap. 3; 1994: cap. 9; 2004)[21]. Raz no es, en absoluto, un escéptico en materia moral; al contrario, considera que hay razones y, también, hechos morales. Considera, a su vez, que es falso que todas las proposiciones morales sean controvertidas (Raz, 1994: 218). La tesis es la siguiente (Raz, 1979: 185):

> Una teoría jurídica es aceptable sólo si sus criterios para identificar el contenido del derecho de una determinada sociedad dependen exclusivamente de un conjunto de hechos de la conducta humana descritos

---

20 Esta es la posición, por ejemplo, de Bulygin (2006). Tal vez eran también, al menos parcialmente, las dudas acerca de la objetividad de la moral las que condujeron a este tipo de positivismo a Kelsen (1957), Ross (1958), Bobbio (1965) y el realismo jurídico americano (véase Leiter, 2001). A ello puede sumarse lo que podemos denominar el realismo jurídico italiano y francés. Véanse respectivamente: Guastini (2006) y Troper (2001); entre nosotros véase Escudero (2004).

21 Véase también Shapiro (1998, 2011: cap. 9) y Marmor (2002, 2011: cap. 4).

en términos valorativamente neutrales y aplicados sin recurrir a la argumentación moral.

El argumento de Raz en defensa de esta tesis, que como puede apreciarse está en contradicción con la tesis de la incorporación, es un argumento conceptual. Dicho ahora muy resumidamente, un rasgo definitorio del derecho es que pretende autoridad y pretender autoridad implica la capacidad de suministrar, a los destinatarios de las normas promulgadas por la autoridad, razones que desplacen las razones a favor y en contra que ellos tienen de comportarse de determinado modo. Si el derecho incorporara pautas morales, entonces no podría pretender autoridad puesto que dichas pautas son válidas para sus destinatarios con independencia de lo que la autoridad establezca. Por lo tanto, por razones conceptuales, el derecho no puede incorporar el razonamiento moral.

O sea, tenemos dos formas de positivismo jurídico que sostienen la imposibilidad de la relación entre la identificación del derecho y el uso de los argumentos morales: una fundada en el escepticismo ético y otra fundada en una determinada concepción de la autoridad.

¿Qué sucede entonces, según estas concepciones, cuando nos encontramos con estas expresiones valorativas en los textos jurídicos de las fuentes? Pues bien, la respuesta más habitual es que los jueces gozan de *discreción* para completar o cambiar el derecho de acuerdo con la moralidad. Raz (1994: 310-324), por ejemplo, distingue entre el razonamiento para establecer el contenido del derecho, sujeto a la tesis de las fuentes, y el razonamiento con arreglo al derecho, que puede requerir el recurso de los jueces a las razones morales. También los escépticos en ética consideran, es claro, que en este caso los jueces tienen de modo inevitable discreción dado que no hay pautas previas qué identificar y aplicar.

Pasemos ahora a los que creen que la tesis de la conexión es verdadera y establece una relación de carácter necesario. Algunas teorías, en la tradición iusnaturalista, pero no únicamente, han insistido a menudo en que hay algunos valores o principios que forman parte de los sistemas jurídicos de un modo implícito, aunque no estén explícitamente incorporados en el derecho positivizado. Este es el núcleo, como es sabido, de la primera crítica dworkiniana al punto de vista hartiano: que hay principios en la práctica jurídica que guían la resolución de los casos, aunque estén implícitos. Es algo demasiado conocido para insistir en ello (Dworkin, 1977: caps. 2 y 3).

Vale la pena recordar que este parece ser también el punto de vista de Andrés Ollero (2012: 28):

> Todo ello significa que *describir el derecho como es* en realidad, lleva a reconocer que en su dinámica entran en juego *elementos jurídicos no formalmente positivados*, o a los que sólo cabe considerar positivados de modo implícito. Así ocurrirá con los *valores* y –aún más, dada su mayor operatividad jurídica– con los *principios*.

Y veamos a continuación la defensa de que la tesis de la incorporación establece sólo una conexión contingente entre el derecho y la moralidad. La conexión del derecho con la moralidad no es ni necesaria, ni imposible, sino que es contingente, como sostiene el denominado *positivismo jurídico incluyente*[22]. Aunque esta cuestión suele vincularse con la de la posibilidad de que la propia regla de reconocimiento incluya razones morales entre los criterios de validez jurídica (como es claro en Hart, 2012), basta que tomemos ahora para nuestra discusión una tesis como la de la incorporación (Leiter, 2002: 978): "las fuentes usuales del derecho –como las leyes y las disposiciones constitucionales– pueden incluir conceptos y consideraciones morales".

Según dicha concepción, cuando las normas jurídicas incorporan conceptos o consideraciones morales, el derecho ha de identificarse mediante el uso de dichos conceptos y consideraciones, y, por lo tanto, los jueces han de aplicar el derecho identificado mediante el recurso a la moralidad en los casos pertinentes. Ahora bien, cuando las fuentes del derecho están expresadas en un lenguaje valorativamente neutro, entonces la identificación del derecho no necesita recurrir a la moralidad.

---

22 Los precedentes de tal concepción pueden hallarse en Carrió (1971), Lyons (1977), Soper (1977), Coleman (1982) y Hart (2012). Las dos defensas más articuladas en Waluchow (1994) y Coleman (2001). Véase una presentación general en Himma (2002) y Moreso (2001).

Queda en el aire la cuestión de si es posible un derecho positivo formado por pautas que nunca usan conceptos valorativos, que nunca remiten a la moralidad.

1.6. La conexión justificativa: sólo las razones morales justifican las decisiones jurídicas

La tesis de la conexión necesaria de carácter justificativo puede ser interpretada en los siguientes términos según una formulación de Paolo Comanducci (2002: 108), quien la presenta para criticarla: "La tesis [...] es que cualquier decisión jurídica, y en particular la decisión judicial, está justificada si deriva, en última instancia, de una norma moral" (2002: 108). Es cierto que esta tesis ha sido defendida, en los últimos años, por muchos autores, en especial por aquellos cercanos al denominado *neoconstitucionalismo*[23]. Sin embargo, en mi opinión, esta es una tesis acerca del razonamiento práctico en general y su fortuna depende de las razones a favor y en contra de la unidad del razonamiento práctico[24]. Si aceptamos por hipótesis la tesis de la unidad del razonamiento

---

23 Valgan por todos ALEXY (1997) y NINO (1994), quienes denominaron a una formulación semejante a esta el *teorema fundamental de la teoría general del* derecho. Véase al respecto MORESO (2009: ensayo 12).

24 Dudas sobre la tesis de la unidad del razonamiento práctico pueden verse en REDONDO (1996: cap. VI) y una defensa de la tesis de la unidad en BAYÓN (1991: cap. 7).

práctico (incidentalmente, mi opinión es que se trata
de una tesis plausible, pero no es este el lugar para
discutirla), ¿qué consecuencias tiene tal tesis para
la justificación de las decisiones jurídicas? En mi
opinión, cuando hablamos de justificación de las
decisiones jurídicas podemos estar refiriéndonos,
al menos, a tres cosas distintas entre sí.

En primer lugar, podemos referirnos a la justificación *lógica*. Si aceptamos que existen relaciones
de consecuencia lógica entre normas, entonces un
razonamiento como el siguiente estará *lógicamente*
justificado:

1) El que no se levantare, al toque de corneta, a las 7 de
la mañana, debe ser castigado con la pena de muerte

2) Ticio se quedó dormido el día *d* y no se levantó
hasta las 10 de la mañana

Ticio debe ser castigado con la pena de muerte

Si la norma contenida en 1) es una norma jurídica
aplicable según el sistema S, y si el contenido propo-
sicional de 2) es verdadero, entonces la conclusión
está *jurídicamente* justificada con arreglo al sistema
jurídico S. Este es el segundo sentido de justificación,
la justificación *jurídica*.

Dado que esta decisión tiene relevancia moral
(afecta de manera central al bienestar de Ticio),
podemos también interrogarnos si esta decisión

está justificada *moralmente*. Es más, dado que por hipótesis hemos aceptado la tesis de la unidad del razonamiento práctico, es inevitable que el aplicador de 1) –si es racional– tome en cuenta si su decisión está justificada en este último sentido. Supongamos que, como yo, piensa que se trata de una norma aberrante desde el punto de vista moral, entonces la decisión de castigar a Ticio con la pena de muerte no está justificada moralmente. Es más, si el aplicador es un agente moral racional, *ceteris paribus*, no debe tomar esa decisión. Esto es todo lo que la tesis de la conexión justificativa requiere. No veo por qué ha de ser esta una tesis controvertida, ni patrimonio exclusivo de los neoconstitucionalistas. Creo que es una tesis de filosofía moral, bien fundada si la unidad del razonamiento práctico se mantiene. Esto es, la tesis de la conexión justificativa, aceptada la tesis de la unidad, deviene una tesis bastante inocua: dado que los jueces son agentes morales, cuando toman decisiones que afectan al bienestar de terceros (lo que ocurre virtualmente siempre en las decisiones judiciales), deben (un deber moral) fundarlas en normas morales[25].

Ahora queda la importante cuestión de determinar cuáles son las relaciones entre la justificación jurídica y la justificación moral, y cuál es el lugar de las normas jurídicas en el razonamiento moral. La respuesta

---

25 Véase RAZ (1994), cuyo primer epígrafe lleva el elocuente título *Even Judges are Humans*.

es, en apariencia, simple: a veces las normas jurídicas
son conformes con la moral (o, al menos, no están en
contra de ella) y entonces se precisa por obligación
moral obedecerlas. Otras veces, por el contrario, las
normas jurídicas imponen deberes contrarios a los
deberes morales y entonces no es necesaria la obligación moral de obedecerlas, si no es como único y
último medio de evitar males mayores. Sin embargo,
la cuestión que nos importa más tal vez sea distinta:
¿cuál ha de ser el lugar de las normas jurídicas en
el razonamiento práctico? O bien, ¿cómo ha de ser
nuestro diseño institucional para que las normas
jurídicas ocupen el lugar adecuado en la estructura
básica de las instituciones de una sociedad justa?
Obviamente, esto se convierte en una cuestión de
filosofía política. Pero los fundamentos del derecho y
de las democracias constitucionales son fundamentos
filosófico-políticos, quiero decir, normativos. Creo
que la respuesta a estos interrogantes puede venir
dada por una estrategia que siga lo que John Rawls
denomina la secuencia en cuatro etapas de un diseño
institucional justo[26]. La primera etapa consiste en la
posición original en la que se eligen los dos principios de la justicia, que serían principios de la razón
práctica dotados de autoridad. La segunda etapa
estipula las normas constitucionales que aseguran
el principio de igual libertad para todos. La tercera
etapa tiene como objetivo el establecimiento de las

---

26 RAWLS (1971: 195-201).

reglas legislativas de acuerdo con los principios de justicia –respetados los derechos atrincherados en la segunda etapa, las decisiones deben adecuarse al principio de la diferencia–. La cuarta etapa es la de la aplicación de las reglas generales a los casos individuales por parte de los órganos de aplicación. Cada una de estas etapas presupone un progresivo levantamiento del velo de la ignorancia que, por una parte, permite articular las normas adecuadas para cada sociedad en concreto y, por otra, permite hacerlo de forma justa, puesto que en todas las etapas deben respetarse los principios de justicia.

Deseo añadir aquí dos comentarios referidos a la secuencia en cuatro etapas rawlsiana que creo tienen relevancia para nuestra comprensión del asunto. En primer lugar, en la secuencia rawlsiana el diseño constitucional no está suspendido en el vacío, sino que su fortuna depende de la adecuación con el primer principio (el principio de las libertades) establecido en la primera etapa, la etapa de la posición originaria. En este sentido, el diseño constitucional presupone el objetivismo moral (de carácter constructivista en el caso de Rawls). Creo que es importante apreciar que sólo una posición objetivista en materia moral puede justificar que se elija un catálogo de derechos y no otro. En segundo lugar, en la secuencia en cuatro etapas siempre es posible recurrir a la argumentación moral, porque en todas las etapas es posible remontarse hasta los principios de justicia establecidos en la posición originaria. Es obvio que las decisiones judiciales deben establecer los derechos y deberes jurídicos de los ciudadanos de forma clara y precisa, de forma que podamos identificarlos sin necesidad de recurrir a la argumentación moral (X debe ser castigado a n años de prisión, Y debe pagar a Z 1500 euros, etcétera). Pero la justificación de dichas decisiones debe remitir a la tercera etapa, la etapa legislativa, siempre; algunas veces a la segunda, la etapa constitucional, y en ocasiones será inevitable acudir a la primera, la etapa en la que se establecen los principios de la justicia. Por esta razón, es un rasgo importante del derecho de las democracias constitucionales que en dichos sistemas jurídicos, algunas veces, el razonamiento jurídico es una especie de razonamiento moral. Para ser más precisos, tomando una idea de Rawls[27], en lo que puede denominarse la *teoría ideal* –es decir, aquella situación en la que todos cumplen lo prescrito en la secuencia de cuatro etapas y, por lo tanto, los principios de justicia no son vulnerados–, el razonamiento jurídico es *siempre* una especie de razonamiento moral, aunque a menudo sea un razonamiento moral entimemático, esto es, la referencia a los principios de la justicia es omitida. Lamentablemente, como es obvio, en la *teoría no-ideal*, la más adecuada para las situaciones reales, las cosas no son siempre de este modo y es preciso diseñar mecanismos institucionales para remediar estos defectos.

También parece la vía que, recientemente, señaló Dworkin. La tesis del derecho como institucionali-

---

27 Véase, por ejemplo, RAWLS (2001: 13).

zación de la moralidad pública es presentada como un rechazo pleno a lo que Dworkin denomina el *retrato antiguo*, que presenta el derecho y la moralidad como dos sistemas separados e introduce o elimina conexiones entre ellos. Aunque él mismo reconoce haber asumido esta idea en el pasado, considera que es más adecuado tratar el derecho como una parte de la moralidad política. ¿Cómo debe ser identificada esta parte? Esta cuestión es, a su juicio (Dworkin, 2011: 405), la "más difícil" y "cualquier respuesta plausible estará centrada en el fenómeno de la institucionalización". Dworkin considera que la estructura de la ética y la moral es una estructura de árbol. De una concepción ética abstracta y general surge la moralidad personal, de la cual surge la moralidad pública y, de ella, el derecho. ¿Y cómo surge el derecho en el ámbito de la moralidad pública? Surge cuando una comunidad ha desarrollado algunas estructuras institucionales para proteger los derechos de sus miembros.

Por cierto, algo semejante a esto parece sostener Ollero (2012: 22-23), aunque usando una terminología algo distinta:

Habría que identificar a una exigencia como *moral* cuando tuviera como objetivo el logro de la *máxima perfección ética individual*. Obviamente sería una determinada concepción antropológica la que llevaría a asumir uno u otro código moral, en relación a lo que se considere que perfecciona de modo más excelso al ser humano.

El *derecho* ha de servir de fundamento a exigencias más modestas, lo que ha llevado a que con toda razón se lo caracterice como *mínimo ético*, porque con ese logro se conforma: posibilitar una pacífica y ordenada *convivencia*, que dejaría campo abierto para aspirar a las más ambiciosas metas morales.

2. Conclusiones

Como hemos visto, la tesis de la conexión necesaria entre el derecho y la moral puede ser entendida de diversas formas. Algunas de ellas, como la primera y la segunda, ni siquiera son adoptadas por todos los iusnaturalistas. Algunas otras, como la tercera, la cuarta y la sexta, son aceptadas por muchos iuspositivistas. Este hecho debería hacernos cautelosos cuando hablamos, sin especificación, de la tesis de la conexión necesaria. Es mejor que discutamos sobre las tesis concretas y no sobre las etiquetas. Las discusiones sobre las etiquetas no conducen a ningún lugar.

Sin embargo, ¿hay alguna tesis que la tradición iuspositivista sostenga y sirva para identificarla? Creo que sí. Se trata de una tesis mínima. Joseph Raz, tomando la expresión de Andrei Marmor (Raz, 2009: 318; Marmor, 2001), la ha expuesto del siguiente modo[28]:

La determinación de lo que el derecho es no depende necesariamente, o conceptualmente, de considera-

---

28 Algo semejante a lo que Bayón ha denominado *el contenido mínimo del positivismo jurídico* (Bayón, 2002).

ciones acerca de lo que el derecho debe ser en las circunstancias relevantes.

O, como casi doscientos años antes lo decía John Austin (1832: 157): "Una cosa es la existencia del derecho, otra su mérito o demérito". Esto es, la validez jurídica de una norma, o de un conjunto de normas, no implica de manera necesaria su validez moral.

REFERENCIAS

AARNOLD, J., KARSTEN, N. & KREICHER, H. (2003). "The German Border Guard Cases before the European Court of Human Rights". *European Journal of Crime, Criminal Law and Criminal Justice*, 11, 67-92.

AGUSTÍN DE HIPONA (2014). *De libero arbitrio. Opera omnia.* Recuperado de http://www.augustinus.it/latino/libero_arbitrio/index2.htm

ALEXY, R. (1989). "On necessary relations between Law and Morality". *Ratio Juris*, 2, 167-183.

ALEXY, R. (1997). *El concepto y la validez del derecho* [1992], trad. Jorge M. Seña. Barcelona: Gedisa.

ALEXY, R. (1999). "A Defence of Radbruch's Formula". En D. DYZENHAUS (Ed.), *Recrafting the Rule of Law: The Limits of Legal Order* (pp. 15-39). Oxford: Hart Publishing.

ATIENZA, M. (2001). *El sentido del Derecho*. Barcelona: Ariel.

Austin, J. (1832). *The Province of Jurisprudence Determined* (Edición de W. Rumble, 1995). Cambridge: Cambridge University Press.

Bayón, J. C. (1991). *La normatividad del derecho: deber jurídico y razones para la acción*. Madrid: Centro de Estudios Constitucionales.

Bayón, J. C. (2002). "El contenido mínimo del positivismo jurídico". En V. Zapatero Gómez (Ed.), *Horizontes de la filosofía del derecho: homenaje a Luis García San Miguel* (vol. 2, pp. 33-54). Alcalá de Henares: Publicaciones de la Universidad.

Bix, B. (2006). "Robert Alexy's Radbruch". *University of Minnesota Law School Legal Studies Research Paper Series*, abril, 06-13.

Bobbio, N. (1965). *Giusnaturalismo e positivismo giuridico*. Milano: Edizioni di Comunità.

Bulygin, E. (2006). *El positivismo jurídico*. México: Fontamara.

Carrió, G. R. (1971). *Principios jurídicos y positivismo jurídico*. Buenos Aires: Abeledo-Perrot.

Carroll, L. (1871). *Through the Looking-Glass*. Recuperado de http://www.gutenberg.org/files/12/12-h/12-h.htm

Coleman, J. L. (1982). "Negative and Positive Positivism". *Journal of Legal Studies*, 11, 139-162.

COLEMAN, J. L. (2001). *The Practice of Principle: In Defense of a Pragmatist Approach to Legal Theory*. Oxford: Oxford University Press.

CICERÓN, M. T. (1959). *De Legibus* (edición de Georges de Plinval). Paris: Belles Lettres. Recuperado de http://www.perseus.tufts.edu/hopper/text?doc= Perseus%3Atext%3A2007.01.0030%3Abook%3D2 %3Asection%3D13

COMANDUCCI, P. (2002). "Formas de (neo)constitucionalismo: un análisis metateórico". *Isonomía*, 16, 89-112.

CORTÁZAR, J. (2013). *Clases de literatura. Berkeley, 1980*. Madrid: Alfaguara.

DWORKIN, R. (1977). *Taking Rights Seriously*. London: Duckworth.

DWORKIN, R. (2011). *Justice for Hedgehogs*. Cambridge, MA: Harvard University Press.

ESCUDERO ALDAY, R. (2004). *Los calificativos del positivismo jurídico*. Madrid: Civitas.

FINNIS, J. (1980). *Natural Law and Natural Rights*. Oxford: Oxford University Press.

FULLER, L. L. (1969). *The Morality of Law*. New Haven: Yale University Press.

GARDNER, J. (2001). "Legal Positivism: 5½ Myths". *American Journal of Jurisprudence*, 46, 199- 226.

GARZÓN VALDÉS, E. (1993). "Algo más acerca de la relación entre derecho y moral". En E. GARZÓN VALDÉS, *Derecho, ética y política* (pp. 317-335). Madrid: Centro de Estudios Constitucionales.

GARZÓN VALDÉS, E. (1996). "Derecho y moral". En E. GARZÓN VALDÉS & F. J. LAPORTA (Eds.), *El derecho y la justicia. Enciclopedia iberoamericana de filosofía* (vol. 11, pp. 397-424). Madrid: Trotta-CSIC-BOE.

GUASTINI, R. (2006). "Lo scettecismo interpretativo revisitato". *Materiali per una storia della cultura giuridica*, 36, 227-236.

HALDEMANN, F. (2005). "Gustav Radbruch *vs.* Hans Kelsen: A Debate on Nazi Law", *Ratio Juris*, 18, 162-178.

HART, H. L. A. (1980). "El nuevo desafío del positivismo jurídico" (trad. de F. Laporta, L. Hierro & J.R. de Páramo). *Sistema*, 36 (mayo), 3-19.

HART, H. L. A. (1983). "Lon L. Fuller: The Morality of Law". En H. L. A. HART, *Essays in Jurisprudence and Philosophy* (Essay 16). Oxford: Oxford University Press.

HART, H. L. A. (2012). *The Concept of Law* (third edition). Oxford: Oxford University Press.

HIMMA, K. E. (2002). "Inclusive Legal Positivism". En J. L. COLEMAN & S. J. SHAPIRO (Eds.), *The Oxford Handbook of Jurisprudence and Philosophy of Law* (pp. 125-165). Oxford: Oxford University Press.

KAVKA, G. (1986). *Hobesian Moral and Political Theory*. Princeton: Princeton University Press.

KELSEN, H. (1957). *What is Justice? Justice, Law, and Politics in the Mirror of Science*. Berkeley: California University Press.

KRAMER, M. (1999). *In Deffense of Legal Positivism. Law without Trimmings*. Oxford: Oxford University Press.

LAPORTA, F. J. (2007). *El imperio de la ley. Una visión actual*. Madrid: Trotta.

LEITER, B. (2001). "Legal Realism and Legal Positivism Reconsidered". *Ethics*, 111, 278-301.

LEITER, B. (2002). "Law and Objectivity". En J. COLEMAN & S. SHAPIRO (Eds.), *The Oxford Handbook of Jurisprudence and Philosophy of Law* (pp. 969-989). Oxford: Oxford University Press.

LYONS, D. (1977). "Principles, Positivism and Legal Theory". *Yale Law Journal*, 87, 415-436.

MACCORMICK, N. (1994). "The Separation of Law and Morals". En R. P. GEORGE (Ed.), *Natural law Theory. Contemporary Essays* (pp. 105-133). Oxford: Oxford University Press.

MILLER, R. (2001). "Rejecting Radbruch: The European Court of Human Rights and the Crimes of the East German Leadership". *Leiden Journal of International Law*, 14, 653-663.

MARMOR, A. (2001). *Positive Law and Objective Values*. Oxford: Oxford University Press.

MARMOR, A. (2011). *Philosophy of Law*. Princeton: Princeton University Press.

MORESO, J. J. (2001). "In Defense of Inclusive Legal Positivism". En P. CHIASSONI (Ed.), *The Legal Oughtk* (pp. 37-64). Torino: Giappichelli.

MORESO, J. J. (2008). Teoría del derecho y neutralidad valorativa, *Doxa*, 31, 177-200.

MORESO, J. J. (2009). *La Constitución: modelo para armar*. Madrid: Marcial Pons.

MORESO, J. J. (2013). *Ethica more iuridico incorporata*. México: Cátedra Ernesto Garzón Valdés/Fontamara).

OLLERO, A. (1973). Equidad, derecho, ley. *Anales de la Cátedra Francisco Suárez*, 13, 163-178.

OLLERO, A. (1982). *Interpretación del derecho y positivismo legalista*. Madrid: Edersa.

OLLERO, A. (2012). "Derecho y moral: una relación desnaturalizada". En A. OLLERO, J. A. GARCÍA AMADO & C. HERMIDA, *Derecho y moral: una relación desnaturalizada*. Madrid: Coloquio Jurídico Europeo.

PAULSON, S. (1995). "Radbruch on Unjust Laws: Competing Earlier and Later Views". *Oxford Journal of Legal Studies*, 15, 489-500.

PAULSON, S. (2005). "On the Background and Significance of Gustav Radbruch's Post-War Papers". *Oxford Journal of Legal Studies*, 26, 17-40.

POSTEMA, G. J. (1987). "The Normativity of Law". En R. GAVISON (Ed.), *Issues in Contemporary Legal Philosophy. The Influence of H. L. A. Hart* (pp. 81-104). Oxford: Oxford University Press.

RADBRUCH, G. (1946). "Gesetzliches Unrecht und übergesetzliches Recht". *Süddeutsche Jursiten-Zeitung*, 1, 105-108.

RAWLS, J. (1971). *A Theory of Justice*. Cambridge, MA: Harvard University Press).

RAWLS, J. (2001). *Justice as Fairness. A Restatement*. Cambridge, MA: Harvard University Press.

RAZ, J. (1979). *The Authority of Law* (first edition). Oxford: Oxford University Press.

RAZ, J. (1994). *Ethics in the Public Domain*. Oxford: Oxford University Press.

RAZ, J. (2004). "Incorporation by Law". *Legal Theory*, 10, 1-17.

RAZ, J. (2009). "The Argument from Justice, or How Not to Reply to Legal Positivism". En J. RAZ, *The Authority of Law* (second edition, pp. 313-336). Oxford: Oxford University Press.

REDONDO, M. C. (1996). *La noción de razón para la acción en el análisis jurídico*. Madrid: Centro de Estudios Constitucionales.

ROSS, A. (1958). *On Law and Justice*. London: Stevens and Sons.

SEOANE RODRÍGUEZ, J. A. (2002). "La doctrina clásica de la lex iniusta y la fórmula de Radbruch: un ensayo de comparación". *Anuario da Facultade de Dereito da Universidade da Coruña*, 6, 761-790.

SHAPIRO, S. J. (2011). *Legality*. Cambridge, MA: Harvard University Press.

SIMMONDS, N. (1986). *Central Issues in Jurisprudence*. London. Sweet & Maxwell.

SOPER, P. (1977). "Legal Theory and Obligation of the Judge: The Hart/Dworkin, Dispute". *Michigan Law Review*, 75, 511-542.

TOMÁS DE AQUINO (1888). *Summa Theologiae*. Textum Leoninum Romae 1888 editum. Recuperado de http://www.corpusthomisticum.org/sth1001.html

TROPER, M. (2001). "Une théorie réaliste de l'interprétation". En O. JOUANJEAN (Ed.), *Dossier Théories réalistes du droit* (pp 51-78). Strasbourg: PU de Strasbourg.

WALUCHOW, W. J. (1994). *Inclusive Legal Positivism*. Oxford: Oxford University Press.

EL POSITIVISMO JURÍDICO CONTEMPORÁNEO

1. LA TESIS DE LA INCORPORACIÓN: ALGUNOS CASOS REALES, UNO HIPOTÉTICO Y UNA DE ROMANOS

En una sentencia relativamente reciente que ha sido muy comentada, el Tribunal Europeo de Derechos Humanos ha decidido que la presencia de crucifijos en las aulas de las escuelas públicas italianas no vulnera la libertad religiosa de los no cristianos[1]. Al parecer a la mayoría de los miembros del Tribunal les parece que el argumento de los representantes del Estado italiano, según el cual "el crucifijo simboliza los principios y valores que fundan la democracia y la civilización occidental, quedando justificada su presencia en las aulas a dicho título", es convincente. No son relevantes ahora los aspectos técnico-jurídicos del caso: los artículos de sendos decretos italianos del tiempo de Mussolini que establecían el deber de la presencia de los crucifijos, los recursos presentados por la señora Lautsi en Italia, ni siquiera qué hizo a

---

1 Sentencia del THDH, Lautsi y otros. Véase Italia (demanda núm. 30844/06) del 18 de marzo de 2011.

la Gran Sala del Tribunal acoger la posición del recurso de Italia revocando la decisión anteriormente
tomada en el año 2009. Lo relevante es que parece,
más allá de cuál sea la posición que consideremos
adecuada, que lo que establece el Convenio Europeo
de Derechos Humanos no dirime la cuestión sin embarcarnos en una elucidación de lo que presupone
e implica la libertad religiosa que parece abocada al
uso de la argumentación político-moral.

Es lo que ocurre con la constitucionalización y la
incorporación a los tratados internacionales de amplias declaraciones de derechos que reconocen en
una formulación genérica un catálogo de derechos
cuyo contenido sólo puede determinarse, según
parece, mediante el recurso a la argumentación moral. Aunque no son las declaraciones de derechos el
único síntoma de este mecanismo incorporacionista,
dado que hay también el uso de conceptos valorativos, como el de tratos inhumanos y degradantes[2]
o el de dignidad humana, tal vez son el ámbito más
relevante. Parece que no es posible atribuir contenido a estas declaraciones sin tener en cuenta los
presupuestos éticos que las justifican y sin recurrir
a la argumentación moral.

Veamos algunos otros ejemplos: el primero hipotético, los tres siguientes de la jurisprudencia constitucional de algunos países contemporáneos y un
supuesto del Derecho romano.

---

2   Por ejemplo al referido en MORESO 2012a.

Consideremos el siguiente caso hipotético. En la
novela de Philip Kerr, *Una investigación filosófica*[3], se
describe el Londres de 2013 como una ciudad inse-
gura, con un alto grado de delincuencia. Entre las
medidas que se toman para reducirla se encuentra
la imposición de un nuevo tipo de pena: dado que
la ciencia médica ha conseguido inducir y revertir
el estado de coma en los humanos, se sustituye la
pena de prisión por el denominado *coma punitivo*.
De este modo, a los condenados a dicha pena se les
induce el coma por el tiempo de la condena y son
confinados en una especie de hospitales en donde,
como es obvio, no hay peligro de fugas ni de moti-
nes, sólo hay que conservarlos con alimentación y
respiración asistida. Por otro lado, el artículo 5 de
la Declaración Universal de los Derechos Humanos
de las Naciones Unidas de 1948 establece que nadie
será sometido a torturas ni a penas o tratos crueles,
inhumanos o degradantes. Si el coma punitivo se
estableciera como castigo para diversos delitos en determinada jurisdicción, sujeta al texto internacional,
¿sería, entonces, esta pena una medida conforme con

---

3 KERR (1992). La primera vez que creo haber oído relacionar
   este ejemplo literario con la cuestión de la incorporación de
   la moralidad al derecho fue en una conferencia en la Facultad
   de Derecho de la Universidad de Buenos Aires a Juan Carlos
   Bayón, en el invierno austral de 1996, y lo he usado ya en diversas ocasiones anteriormente (MORESO, 2008: 11; 2009: 33;
   2010: 15-16, y 2012a), en donde comenzaba con estos cinco
   casos precisamente.

la Declaración Universal de los Derechos Humanos? O, dicho en otros términos: ¿depende la verdad de la proposición según la cual el coma punitivo es (o no es) conforme con la Declaración Universal de la corrección moral de dicha medida?, ¿cómo debe determinarse si el coma punitivo es o no un trato cruel, inhumano o degradante?

A continuación veamos un caso real. La Constitución española, en el primer enunciado de su artículo 15, establece lo siguiente: "Todos tienen derecho a la vida y a la integridad física y moral, sin que, en ningún caso, puedan ser sometidos a tortura ni a penas o tratos inhumanos o degradantes". Pues bien, el Tribunal Constitucional español se refirió a ello (en una jurisprudencia que después ha continuado más o menos invariable)[4] para determinar si la sanción de aislamiento en celda prevista en la Ley general penitenciaria (y en el reglamento que la desarrolla), entonces en vigor, constituían tratos inhumanos o degradantes. La respuesta del Tribunal es negativa con el argumento de que, si bien la reclusión en *celdas negras* que privan a la persona de cualquier contacto con el exterior sería claramente un trato degradante, las condiciones que la legislación penitenciaria exige (duración, condiciones de alimentación y habitabilidad fundamentalmente) la hacen compatible con la dignidad de los sancionados.

---

4   En la STC 2/1987, de 21 de enero.

Por otro lado, la enmienda octava de la Constitución de los Estados Unidos (casi idéntica a la formulación del Bill of Rights inglés de 1689) establece: *"Excessive bail shall not be required, nor excessive fines imposed, nor cruel and unusual punishments inflicted"*. Aunque la Corte Suprema de los Estados Unidos considera que la pena de muerte es "una sanción extrema", no considera que sea "inherentemente cruel"[5]. Sin embargo, recientemente la Corte ha considerado que la ejecución de delincuentes con determinado grado de retraso mental vulnera la enmienda octava porque es un castigo cruel e inusitado[6]. Y este pasado mes de agosto de 2014 la polémica surgió cuando la Corte Suprema autorizó la ejecución del ciudadano de Texas Marvin Wilson, quien presentaba indicios probados de retraso mental[7].

El 19 de agosto de 1996 fue asesinado el alcalde de un municipio de la comunidad indígena colombiana de los paeces. Los representantes de los cabildos indígenas decidieron detener a Francisco Gembuel, acusándolo de haber propiciado el homicidio del alcalde por haberlo señalado como blanco de la guerrilla.

5　*Gregg* vs. *Georgia* 428 U. S. 153, 96 S. Ct. 2909, 49 L. Ed. 2d 859 (1976).

6　*Atkins* vs. *Virginia*, 536 U. S. 304, 122 S. Ct. 2242, 153 L. Ed. 2d 335 (2002). Atkins anula la decisión contraria establecida sólo trece años antes en *Penry* vs. *Lynaugh*, 492 U. S. 302, 109 S. Ct. 2934, 106 L. Ed. 2d 256 (1989).

7　Véase el reciente y lúcido análisis sobre la enmienda de Perry (2011).

Juzgado por la Asamblea, de acuerdo con las normas indígenas, fue condenado a recibir sesenta fuetazos (el fuete es un castigo que consiste en golpear con una especie de bastón la parte inferior de las piernas), expulsión y pérdida del derecho a elegir y ser elegido para cargos públicos y comunitarios. El artículo 12 de la Constitución colombiana establece también que "nadie será sometido a desaparición forzada, a torturas ni a tratos o penas crueles, inhumanos o degradantes", con lo que el condenado recurrió la decisión, la cual llegó a la Corte Constitucional colombiana. En la sentencia del alto tribunal colombiano[8], la Corte no concedió el amparo al recurrente, basada en dos argumentos principales: por un lado, no considera la sanción excesivamente penosa; por otro, considera que tiene una función simbólica en la comunidad indígena y que, en dicho contexto, no se trata de una sanción ni degradante ni humillante.

Nadie pondrá en duda, sin embargo, que la sanción que el derecho romano –la *Lex Pompeia*– establecía para el parricidio, la *Poena Cullei*, que consistía en encerrar al condenado en un saco junto con un perro, un gallo, una serpiente y un mono y arrojarlo a las aguas del mar o del río más cercano, sea una pena cruel. Es más, precisamente por ser cruel, los romanos pensaban que era una pena merecida para

---

8   SCC n.º T-523/97, del 15 de octubre. Agradezco a Oscar Pérez de la Fuente, quien amablemente me hizo acceder al conocimiento de este interesante caso.

un delito tan atroz. Como nos recuerda Max Radin (1920: 119) cuando se produjo el *crack* financiero de 1720, debido a una burbuja especulativa generada por la Compañía inglesa de los Mares del Sur, "un miembro apasionado del Parlamento británico apeló a la aplicación de la *Lex Pompeia* para los parricidas a aquellos que han estafado a la nación. Del mismo modo que los romanos –argumentaba– enfrentados a un tan monstruoso e inusitado delito, idearon un castigo así de monstruoso e inusitado, del mismo modo invitaba a los británicos a colocar a los directores de la compañía de los mares del sur en sacos con un perro, un gallo, una serpiente y un mono en cada uno y arrojarlos al Támesis". Olvidemos ahora, por un momento y no del todo, las crisis económicas generadas por burbujas especulativas y atendamos al argumento del Parlamentario británico: la pena del saco es una pena cruel y por eso se impone para castigar comportamientos especialmente graves.

Lo que hacen las declaraciones de derechos humanos contemporáneas, no obstante, es comprometerse a no aplicar este tipo de sanciones. Ahora bien, ¿qué es lo que hace la pena del saco cruel y –en caso de que los Tribunales a los que me he referido tengan razón– no el fuete, el aislamiento en celda o la pena de muerte? Parece que nuestros textos jurídicos, los textos constitucionales, los legales, los precedentes judiciales, usan en ocasiones conceptos y argumentos morales.

Esto permite formular del siguiente modo lo que denominaré *la tesis de la incorporación* (TI):

(TI) Cuando las fuentes del derecho (la Constitución
y las leyes, por ejemplo) incluyen conceptos y consideraciones morales, lo que el Derecho establece ha
de ser identificado mediante el uso de la argumentación moral.

En este trabajo trataré de mostrar la plausibilidad de
la tesis de la incorporación y la no plausibilidad de
las concepciones que la rechazan. Para ello, primero,
trazaré un mapa de las posiciones posibles acerca de
las relaciones entre la identificación del derecho y el
uso de la argumentación moral. En la segunda conferencia argüiré a favor de la TI y trataré de mostrar
que está en buenas condiciones para replicar a las
objeciones que se le formulan.

2. ARGUMENTOS MORALES Y ARGUMENTOS MODALES

La TI evoca la perdurable cuestión de las relaciones
entre el derecho y la moral. La evoca, como ahora
somos más conscientes, desde uno de sus prismas
posibles. Nada dice acerca de si, en último término,
la justificación de las acciones, por ejemplo de los
jueces, debe ser moral o de si la existencia del derecho
instancia, de modo necesario, algún valor moral[9].

---

9   Muchos autores han insistido convincentemente en que en
    alguno de estos sentidos la relación entre el derecho y la moral
    es necesaria. Véase por ejemplo ALEXY (1989), GARZÓN VALDÉS
    (1990), NINO (1994), GARDNER (2001) y RAZ (2004).

Establece una relación entre la identificación del derecho y la argumentación moral. En realidad, las relaciones desde el punto de vista de la modalidad pueden ser sólo de tres tipos: o bien son necesarias, o bien son imposibles o bien son contingentes. Ello cubre todo el espacio lógico modal. De acuerdo con estas ideas y representando como es usual los operadores modales[10]:

$\Diamond$: "Posible",
$\Box$: "Necesario"

y tomando los predicados "J" como "jurídico" y "M" como "identificado mediante la argumentación moral", podemos representar la tesis de acuerdo con la cual lo jurídico ha de identificarse necesariamente mediante argumentos morales como sigue:

$$\forall x \ \Box \ (Jx \rightarrow Mx),$$

que es equivalente a[11]

---

10 Se trata de un argumento que presenté en MORESO (2012b), que se desarrolla y amplía una distinción de COLEMAN entre dos modos de entender la tesis de la separación entre el derecho y la moral, la negación interna y la negación externa de la tesis de la conexión necesaria (COLEMAN, 1998b: 265), beneficiándome de tres tesis de la identificación del derecho trazadas por KRAMER (2001) en su discusión con DYZENHAUS (2000).

11 Lo es, en lógica modal, por la denominada fórmula de Barcan, véase HUGHES-CRESSWELL (1996: 244).

$\square \; \forall x \; (Jx \rightarrow Mx)$.

La interna negación de la anterior fórmula que dice que nunca pude ser el caso que la identificación del derecho dependa de argumentos morales, es decir que dicha relación es *imposible*, puede ser representada así:

$\square \; \forall x \; (Lx \rightarrow \neg Mx)$.

Ahora bien, la negación externa de la tesis de la conexión necesaria puede ser representada del siguiente modo:

$\neg \; \square \; \forall x \; (Lx \rightarrow Mx)$,

una expresión lógicamente equivalente a

$\lozenge \; \exists x \; (Lx \wedge \neg Mx)$,

es decir, es posible que la identificación del derecho no dependa de la moralidad. Por otra parte, la idea de la tesis de la incorporación, la idea de la TI, es precisamente que algunas veces aquello que el derecho establece puede depender de los argumentos morales. Es decir:

$\lozenge \; \exists x \; (Lx \wedge Mx)$,

y la conjunción de estas dos últimas expresiones lógicas equivale a la afirmación de que la dependencia de argumentos morales de la identificación del derecho es *contingente* y, por lo tanto, es compatible con sistemas jurídicos cuyas fuentes remitan a la moralidad y con sistemas que no realicen dicha remisión.

3. CONCEPCIONES DEL DERECHO: LA CONEXIÓN NECESARIA

Algunos autores han insistido en los últimos años (por ejemplo, Nino, 1994, y Dworkin, 2006) en que no hay un solo concepto de Derecho, sino que el término "Derecho" designa una familia de conceptos, y que aquel que va a resultar privilegiado en un determinado contexto depende de nuestros intereses teóricos y prácticos. Podemos conceder este extremo y señalar que aquí estamos interesados en aquel concepto de derecho de un país, de un sector determinado de la vida social, del derecho internacional, que se vincula con aquello que es obligatorio, prohibido o facultativo para sus destinatarios frente a determinadas acciones. Aquel concepto relacionado con los valores de verdad de nuestras proposiciones jurídicas referidas a aquello que debemos, no debemos o podemos elegir hacer *jurídicamente*. Nos interesa este concepto porque nos interesa averiguar si entre las condiciones de verdad de nuestras proposiciones jurídicas se halla o no la adecuación a determinadas argumentaciones morales.

Para la concepción que sostiene que necesariamente la identificación del derecho depende del recurso a la argumentación moral la respuesta es clara. El valor de verdad de todas nuestras proposiciones jurídicas depende de que no sean inconsistentes con la moralidad. Este parece ser el punto de vista del iusnaturalismo clásico de Agustín de Hipona y Tomás de Aquino: las leyes injustas (contrarias a la moralidad) son jurídicamente *inválidas*[12]. Es más controvertido si este es el punto de vista de los que se declaran antipositivistas en estos días (si es el punto de vista de Alexy, 1992; Dworkin, 2006, 2011; o Atienza & Ruiz Manero, 2006, y Atria, 2002, 2006, entre nosotros). Tomemos el caso del más persistente crítico del positivismo jurídico: Ronald Dworkin.

Una de las críticas más fundamentales de Dworkin al positivismo jurídico (desde Dworkin, 1986) reside en que dicha doctrina deja por explicar las discrepancias que se producen entre los juristas (Dworkin, 2006: 233): "los juristas discrepan a menudo acerca de lo que el derecho es en alguna materia, aunque están de acuerdo acerca de todos los hechos históricos que los positivistas citan y que, según su punto de vista, agotan las condiciones de verdad de las proposiciones jurídicas (*propositions of law)*". Es más, arguyendo contra la defensa de Jules Coleman del positivismo incluyente (al que después me referiré), Dworkin sostiene que el argumento de Coleman

---

12 AGUSTÍN DE HIPONA (2012: I, V. 11) lo decía así: "*Nam lex mihi esse non videtur, quae iusta non fuerit*" y TOMÁS DE AQUINO (2012: I-II q. 95 a. 2 c): "*Si vero in aliquo, a lege naturali discordet, iam non erit lex sed legis corruptio*".

presupone que los jueces en los Estados Unidos están de acuerdo con que la validez de algunas de las
leyes depende de su corrección moral, dado que así
lo exigen las disposiciones constitucionales, pero
añade (Dworkin, 2006: 194):

> Esto ciertamente no es verdad. Por el contrario, la
> proposición que la cláusula de la igual protección
> hace el derecho dependiente de la moralidad es
> también profundamente controvertida. Muchos ju-
> ristas, incluidos algunos de los jueces del Tribunal
> Supremo, insisten en que es verdadera, mientras
> otros, incluidos otros jueces del Tribunal Supremo,
> la rechazan duramente. Muchos de ellos insisten en
> que la cláusula hace que la ley dependa de hechos
> históricos acerca de lo que los *framers* consideraban
> injusto, o de lo que los americanos en general juzgan
> injusto, o algo similar.

Me parece, dicho incidentalmente, que se trata de
un argumento convincente. Si la existencia del derecho es un fenómeno convencional (como quiere
el positivismo hartiano), entonces deberán existir
convenciones ampliamente compartidas que permitan la identificación del derecho. Sin embargo,
estas convenciones parecen ser desafiadas por las
diversas concepciones de lo que el derecho requiere
en una sociedad[13].

---

13 Un intento de contestar a la crítica dorkwiniana desde una
   posición positivista en derecho y escéptica en moral, en

Sin embargo, el positivista incluyente todavía puede replicar con el argumento de que las discrepancias entre los juristas responden, en realidad, a un modo diverso de apelar a un presunto fundamento común. Las diversas concepciones acerca de la incorporación de la moralidad (y también las que niegan dicha incorporación) en el derecho responden, creo, a este factor.

En este sentido el positivismo incluyente y Dworkin transitan la misma vía. Recientemente Dworkin (2011: cap. 19) ha insistido en este punto de vista sosteniendo que, por una parte, el derecho es una parte institucionalizada de la moralidad política[14], y por otra que su concepción del derecho como una práctica interpretativa es compatible (y "esto es crucial", añade) con "no denegar la distinción de las cuestiones relativas a aquello que es el derecho y a aquello que

---

LEITER (2009), consistente en afirmar que cuando los jueces y los juristas en general discrepan en los casos difíciles en realidad, o bien están todos en un error generalizado (creen que discrepan genuinamente) o bien fingen discrepar. A SHAPIRO (2007) la crítica le parece muy importante, aunque intenta una respuesta desde el positivismo excluyente. Mi propia posición puede verse en MORESO (2009b).

14 De acuerdo con esta posición y con el espacio de la dimensión institucional del derecho, ATIENZA & RUIZ MANERO (2001). A autores como DWORKIN les parece sin embargo –por razones parcialmente similares– que su posición es mejor caracterizada como antipositivista, ATIENZA & RUIZ MANERO (2007). Pero aquí la cuestión es la de si aceptan las consecuencias de la tesis de la conexión necesaria, y parece que la respuesta es negativa.

debe ser" (Dworkin, 2011: 407) y aceptar que tiene
sentido (para los jueces que creían que *The Fugitive
Slave Act* era constitucional)[15] afirmar que dicha ley,
por ejemplo, "era derecho válido aunque demasiado
injusto para ser aplicado" (Dworkin, 2011: 411). En
cambio, afirma (Dworkin, 2011: 411) que no es sos-
tenible en el caso de la monstruosa legislación nazi:
"es moralmente más adecuado denegar que estos
edictos sean derecho". Aunque, añade, tal y como se
plantea tradicionalmente el venerable problema del
derecho injusto se asemeja tristemente a una disputa
verbal (Dworkin, 2011: 412).

4. Concepciones del derecho: la conexión imposible

En la literatura relevante, la imposibilidad de la conexión se sostiene de dos modos, al menos, muy diversos entre sí. Uno procede de una posición escéptica
en materia ética, con arreglo a la cual cuando el derecho remite a la moralidad realiza una remisión vacía,
una remisión *en blanco*, puesto que el objeto de la remisión es inexistente, dado que el escepticismo ético
rechaza que haya razones morales objetivamente

---

15 Dworkin no piensa así (Dworkin, 1975, y 2011: 486, nota 12),
sino que considera que la legislación de 1850, que otorgaba el
derecho a los propietarios de esclavos a recuperarlos aún si
habían huido a otros estados en donde la esclavitud era ilegal,
era inconstitucional y el famoso caso *Dred Scott v. Sanford* 60
U. S. 393 (1856), erróneamente decidido por la Corte Suprema.

válidas que puedan servir para determinar mediante la argumentación moral el contenido del derecho[16].

Sin embargo, existe otro modo de defender la tesis de la conexión imposible, que comporta la misma lectura estricta de la tesis de las fuentes sociales del derecho atribuible al positivismo jurídico. Se trata del modo en que la ha venido defendiendo desde hace más de treinta años Joseph Raz (1979, cap. 3; 1994: cap. 9; 2004)[17]. Raz no es, en absoluto, un escéptico en materia moral; al contrario, considera que hay razones y, también, hechos morales. Considera, a su vez, que es falso que todas las proposiciones morales sean controvertidas (Raz, 1994: 218). La tesis es la siguiente (Raz, 1979: 185):

> Una teoría jurídica es aceptable sólo si sus criterios para identificar el contenido del derecho de una determinada sociedad dependen exclusivamente de un conjunto de hechos de la conducta humana descritos en términos valorativamente neutrales y aplicados sin recurrir a la argumentación moral.

---

16 Esta es la posición, por ejemplo, de BULYGIN (2006). Tal vez eran también, al menos parcialmente, las dudas acerca de la objetividad de la moral las que condujeron a este tipo de positivismo a KELSEN (1957), ROSS (1958), BOBBIO (1965) y el realismo jurídico americano (véase LEITER, 2001). A ello puede sumarse lo que podemos denominar el realismo jurídico italiano y francés. Véase, respectivamente: GUASTINI (2006) y TROPER (2001). Entre nosotros, ESCUDERO (2004).

17 Véase también SHAPIRO (1998, 2011: cap. 9) y MARMOR (2002, 2011: cap. 4).

El argumento de Raz en defensa de esta tesis, que como puede apreciarse está en contradicción con la tesis de la incorporación, es un argumento conceptual. Dicho ahora muy resumidamente, un rasgo definitorio del derecho es que pretende autoridad y pretender autoridad comporta la capacidad de suministrar, a los destinatarios de las normas promulgadas por la autoridad, razones que desplacen las razones a favor y en contra que ellos tienen de comportarse de determinado modo. Si el derecho incorporara pautas morales, entonces no podría pretender autoridad puesto que dichas pautas son válidas para sus destinatarios con independencia de lo que la autoridad establezca. Por lo tanto, por razones conceptuales, el derecho no puede incorporar el razonamiento moral.

O sea, tenemos dos formas de positivismo jurídico que sostienen la imposibilidad de la relación entre la identificación del derecho y el uso de los argumentos morales: una fundada en el escepticismo ético y otra fundada en una determinada concepción de la autoridad.

¿Qué sucede entonces, según estas concepciones, cuando nos encontramos con estas expresiones valorativas en los textos jurídicos de las fuentes? Pues bien, la respuesta más habitual es que los jueces gozan de *discreción* para completar o cambiar el derecho de acuerdo con la moralidad. Raz (1994: 310-324), por ejemplo, distingue entre el razonamiento para establecer el contenido del derecho, sujeto a la tesis de las fuentes, y el razonamiento con arreglo al derecho, que puede requerir el recurso de los jueces a las razones morales. También los escépticos en ética consideran, es claro, que en este caso los jueces tienen de modo inevitable discreción dado que no hay pautas previas qué identificar y aplicar.

Creo que hay razones para dudar de la plausibilidad de esta posición. Veamos el siguiente pasaje de Raz (1979: 75)[18]:

> Supongamos, por ejemplo, que según el derecho los contratos son válidos solo si no son inmorales. Cualquier contrato puede ser considerado *prima facie* válido si se conforma a las condiciones 'neutras valorativamente' establecidas jurídicamente para la validez de los contratos. La proposición 'Es jurídicamente concluyente que este contrato es válido' no es ni verdadera ni falsa hasta que un tribunal dotado de autoridad determina su validez. Esta es una consecuencia del hecho según el cual, por la tesis de las fuentes, los tribunales tienen discreción cuando son requeridos a aplicar consideraciones morales.

Si la versión raziana de la tesis de las fuentes implica que siempre que el derecho incorpora conceptos o consideraciones morales, los jueces tienen discreción (como el anterior pasaje de Raz sostiene), entonces hay buenas razones para dudar de la plausibilidad de dicha tesis. Si A firma con B un contrato por el cual se obliga a asesinar a C antes de un mes, transcurrido el

---

18 Véase sobre este punto ENDICOTT (2003).

mes A no ha asesinado a C y B presenta una demanda contra A por incumplimiento contractual, ningún jurista diría que debemos esperar a la decisión del juez para saber si el contrato entre A y B es válido: el contrato entre A y B es nulo porque es inmoral, y los jueces no tienen discreción alguna en este caso. Del mismo modo, si una disposición constitucional prohíbe los castigos crueles y el legislador dicta una norma que establece, como en el Derecho Romano, la pena del saco, la *Poena Cullei*, una pena que condenaba a los parricidas a ser encerrados en un saco con un mono, un gallo, una serpiente y un perro y arrojarlos al mar o al río más cercano. Podemos preguntarnos, ¿es esta pena cruel? Creo que todos reconoceríamos que se trata de un castigo cruel –también los romanos que, precisamente por ello, consideraban que era la pena merecida para los parricidas– y que, por lo tanto, es inconstitucional. Aunque O"cruel" es sin duda un término moral, "cruel' se aplica sin controversia ninguna a la *Poena Cullei*, no hay aquí espacio para la discreción[19].

Raz añade otro argumento en defensa de su posición (1979: 7, nota 8, y 2004: 17):

Los defensores de tal concepción [de la tesis de la incorporación] del derecho tienen que proporcionarnos un criterio adecuado para separar las referencias legales a la moralidad, que hacen de su aplicación

---

19 Se trata de un argumento presentado en MORESO (2012b).

un caso de aplicación de normas jurídicas preexis-
tentes, de los casos de discreción judicial en las que
el juez, al recurrir a consideraciones morales, está
cambiando el derecho. No conozco ningún intento
serio de proporcionarnos tal criterio.

Es cierto que dicho argumento deberá ser suministra-
do con detalle, pero el eje del razonamiento tratará de
mostrar que en los casos de uso de conceptos y consideraciones morales los jueces no tienen discreción.
Si nosotros creemos que la presencia de crucifijos
en las escuelas vulnera la libertad y autonomía de
los no cristianos, entonces tenemos buenas razones
para argüir que Lautsi es una decisión incorrecta
desde el punto de vista jurídico. En cambio, cuando
los jueces ejercen su discreción (por ejemplo, cuando el Tribunal Supremo de los Estados Unidos en
virtud del *certiorari* decide admitir un recurso o no)
su comportamiento no puede nunca ser tildado de
jurídicamente incorrecto.

Es más, a menudo, es el espacio excesivo de discreción de los jueces lo que lleva a algunos autores a
comprometerse con el ideal de la certeza del derecho
y a rechazar la inclusión de conceptos y consideraciones morales en las fuentes del derecho. A menudo
este ideal de la certeza del derecho está asociado
con la ilustración jurídica y, en concreto, con el positivismo jurídico. Sin remontarnos a Beccaria o a
Bentham, esta es la razón (por ejemplo) por la cual
Kelsen (1985) se mostraba contrario a la incorporación de conceptos morales (como *igualdad* o *justicia*)

y esta es la razón que anima las defensas recientes (Campbell, 1996; Waldron, 2001; Green, 2008) o no tanto (Scarpelli, 1965) del denominado *positivismo jurídico normativo*[20].

Reducir el ámbito de la discrepancia y disciplinar la actividad de los jueces es el propósito de todas estas posiciones. Sin embargo, ni los presupuestos ni la estrategia para llevar a cabo estas operaciones son siempre los mismos.

Aparte de la posición normativa de recomendar el uso parsimonioso de conceptos de valor en el derecho, algunos autores positivistas han intentado otras vías para identificar el derecho en estos casos con certeza.

Algunas veces, por ejemplo, se ha argüido que los jueces deben decidir cuál sea el contenido de expresiones como "libertad religiosa" no apelando a sus convicciones morales sino a cómo dichas expresiones son entendidas y usadas en la sociedad de la que ellos forman parte. Así se entiende algunas veces la referencia del artículo 3 del código civil español a la interpretación de las normas de acuerdo con la realidad social del tiempo en el que han de ser aplicadas[21]. De este modo, se piensa, no caeremos como rehenes de la voluntad de los jueces.

---

20 Que presenté y critiqué en MORESO (2012b). Algunos ecos de esta posición, aunque asumida con matices, entre nosotros en HIERRO (2002) y LAPORTA (2007). Recientemente también WALDRON (2011) la ha matizado.

21 Este argumento en ALCHOURRÓN & BULYGIN (1991). Valdría la

El problema de esta concepción es doble: por una parte, en todas las cuestiones controvertidas la opinión pública acostumbra a estar dividida cuando no perpleja; por otra parte, si se quiere construir un punto de vista articulado, como parece exigible a los jueces y tribunales, entonces será imprescindible moldear las actitudes y creencias de la mayoría social para presentarlas en una doctrina razonable y ello, me parece, es ya prácticamente indistinguible del razonamiento moral: comienzas con la moral social, pero si estás dispuesto a aceptar la crítica argumentada, la opacidad de algunas de nuestras convicciones, la posibilidad de refinarlas y moldearlas, terminas en la moral crítica (Moreso, 2009a: 192).

Una estrategia distinta consiste en sostener que cuando la Constitución usa conceptos valorativos en realidad únicamente incorpora aquello que encerraron en ellos deliberadamente los autores de la Constitución. Determinar el contenido de estas cláusulas consiste en recuperar las intenciones explícitas de los que las dictaron. En la discusión norteamericana se conoce esta posición como *originalismo*[22]. De este modo, consideran estos autores, la indeterminación se reduce: sólo están amparados por la libertad

---

pena considerar la vinculación de este argumento con el llamado *constitucionalismo popular* que han defendido, por ejemplo, TUSHNET (1999) y KRAMER (2004). Véase también GARGARELLA (2006).

22 Y su más ilustre representante tal vez sea el magistrado de la Corte Suprema, SCALIA (1997).

religiosa (en nuestro ejemplo) los comportamientos considerados incluidos por los redactores del Convenio Europeo de Derechos Humanos.

No es preciso, por cierto, que esta posición provenga de un punto de vista escéptico acerca de la moralidad (no es el caso de Scalia ni el de otros originalistas), puede que sea una estrategia que tiende a reducir la discreción de los jueces porque desconfía de la capacidad de estos de acertar en cuestiones morales.

Esta posición ha sido criticada muchas veces con los mismos argumentos que había sido criticada la denominada *interpretación subjetiva*: las conocidas dificultades de establecer plausiblemente cuáles eran las genuinas intenciones de los constituyentes, las intenciones de quiénes son relevantes (de los que votaron a favor, de los redactores...). Es más: aún en casos en donde es claro que no estaba en sus intenciones, como tal vez sea el caso de los crucifijos en las aulas, entonces ha de resultar excluido sin más argumentación. Y esto no para nada plausible. Antes de la reforma reciente de nuestra legislación procesal civil, la vieja Ley de Enjuiciamiento (como la nueva) establecía que son inembargables los instrumentos necesarios para el ejercicio de un oficio, con esta doctrina de la interpretación hay que suponer que hasta el año 2000 los ordenadores podían ser embargados a un abogado, por ejemplo, dado que los legisladores del siglo XIX no podían pensar en ellos. Es más, es razonable creer que el legislador del años 2000 de la vigente *Ley de Enjuiciamiento Civil*, no considerara (porque todavía no habían sido creadas) las iPad como objetos a los que se refiere el Artículo 606.2: "Los libros e instrumentos necesarios para el ejercicio de la profesión, arte u oficio a que se dedique el ejecutado, cuando su valor no guarde proporción con la cuantía de la deuda reclamada". Pero un abogado podría argüir a favor de la inembargabilidad de iPad de otro abogado demandado en 2012.

5. CONCEPCIONES DEL DERECHO: LA CONEXIÓN CONTINGENTE

Si los argumentos esgrimidos en los dos epígrafes anteriores resultan convincentes, entonces nos queda la tesis de la incorporación, una conexión contingente (en virtud de la remisión de las fuentes del derecho) a la argumentación moral. La conexión del derecho con la moralidad no es ni necesaria, ni imposible, sino que es contingente, como sostiene el denominado positivismo jurídico incluyente[23]. Aunque esta cuestión suele vincularse con la de la posibilidad de que la propia regla de reconocimiento incluya razones morales entre los criterios de validez jurídica (como es claro en Hart, 2004), basta que tomemos ahora para nuestra discusión una tesis como la tesis de la incorporación (Leiter, 2002: 978): "las fuentes

---

23 Los precedentes de tal concepción pueden hallarse en CARRIÓ (1971), LYONS (1977), SOPER (1977), COLEMAN (1982) y HART (1994). Las dos defensas más articuladas en WALUCHOW (1994) y COLEMAN (2001ª). Véase una presentación general en HIMMA (2002) y MORESO (2009a: cap. 10).

usuales del derecho –como las leyes y las disposiciones constitucionales– pueden incluir conceptos y
consideraciones morales".

Según dicha concepción, entonces, cuando las normas jurídicas incorporan conceptos o consideraciones
morales, el derecho ha de identificarse mediante el
uso de dichos conceptos y consideraciones. Y, por lo
tanto, los jueces han de aplicar el derecho identificado
mediante el recurso a la moralidad en los casos pertinentes. Así ocurre, según creo, en el caso de que los
jueces hayan de decidir si determinadas decisiones
públicas vulneran o no la libertad religiosa: en dichos
supuestos el razonamiento de los jueces deviene un
razonamiento genuinamente moral.

Sin embargo, antes de analizar las objeciones
que pueden plantearse a esta cuestión, vale la pena
ocuparse de si la diferencia entre los positivistas ex-
cluyentes y los positivistas incluyentes es sólo una
mera cuestión de palabras[24].

En la teoría del derecho positivista, se distingue
algunas veces entre dos sentidos de *validez*: validez
como *pertenencia* y validez como *aplicabilidad*. Una
norma es válida, en el sentido de que pertenece a un
sistema jurídico S, si y sólo si es identificada como
miembro de S por los criterios de la regla de reconocimiento de S. Una norma es válida, en el sentido
de que es aplicable a un caso, si y sólo si existe otra

---

24 Se trata de un argumento que se remonta a MORESO (2009a:
   cap. 10).

norma, que es un miembro de S, que autoriza u obliga a los órganos de aplicación de S a aplicarla a ese caso[25]. En el contexto de este debate Raz y Coleman, entre otros, sostienen que todas las normas jurídicamente válidas en determinada jurisdicción son de aplicación obligatoria por parte de los jueces, pero hay normas que no son válidas en dicha jurisdicción (las normas de un derecho extranjero por ejemplo) que, en virtud de las normas de conflicto del derecho local, pueden ser de aplicación obligatoria por parte de los jueces.

Es decir, según esta distinción, es posible que un estándar moral no sea parte del Derecho y, sin embargo, sea obligatorio para los jueces decidir de acuerdo con él. En este sentido, un defensor de positivismo excluyente podría argüir señalando que la lectura restrictiva de la tesis de las fuentes sociales es la adecuada, aunque ello no impide que las pautas morales sean, algunas veces, obligatorias para los jueces. Podría añadir que no hay más razones para contemplar dichas pautas morales como parte del Derecho de las que hay para suponer que cuando una disposición jurídica prohíbe la construcción de edificios de más de diez metros de altura en determinada zona, o limita el peso al que determinados ascensores pueden ser sometidos a cuatrocientos kilogramos, el Derecho

---

25 Puede verse la distinción en estos términos en BULYGIN (1982), MORESO (1997: cap. 3), MORESO & NAVARRO (1997) y VILAJOSANA (1998).

incorpora el sistema métrico decimal (véase sobre ello Kramer, 2007). Si bien este argumento puede convertir el debate entre ambos tipos de positivismo en un debate de palabras, esto es, en la adecuación de reconstruir el concepto de validez jurídica de una u otra manera, la tesis de la discreción judicial sigue siendo polémica. Y es así porque aunque no se incorpore al Derecho el sistema métrico decimal, las reglas (tal vez constitutivas) de dicho sistema han de ser usadas por los jueces cuando deciden los casos a los que aplican normas que contienen expresiones que hacen referencia a tal sistema. Los jueces no tienen discreción en dichos casos. El problema que plantean las pautas morales es el de si son aptas para guiar el comportamiento de los jueces o, más bien, remiten a la discreción. Esta cuestión no puede ser resuelta por la distinción entre validez como pertenencia y validez como aplicabilidad.

6. Constitucionalismo garantista y positivismo jurídico incluyente

En una serie de trabajos Luigi Ferrajoli (2007, 2011a) ha defendido un constitucionalismo denominado garantista, que mantiene la tesis más robusta de la separación entre el derecho y la moral y, también, el no-cognoscitivismo ético[26].

---

26 Al respecto puede verse, por ejemplo, Prieto Sanchís (2008) y Comanducci (2010: cap. 16).

Veamos cuál era la posición de Ferrajoli en su perspicua e influyente presentación del garantismo hace ya más de veinte años (Ferrajoli 1989: 100-101):

Una alternativa todavía más clara se produce según que el lenguaje usado por el legislador excluya o incluya términos *valorativos*. Como ejemplo de norma penal que designa un hecho y no un valor se puede señalar el art. 575 de nuestro código penal [el autor se refiere, es claro, al código penal italiano] que define el homicidio como el acto de 'cualquiera que produce la muerte de un hombre'; en el extremo opuesto, como ejemplo de norma penal que expresa un valor y, por lo tanto, infringe el principio de estricta legalidad ['*stretta legalità*' es el nombre que Ferrajoli reserva para el principio de taxatividad], podemos recordar el art. 529 del mismo código que define los actos y los objetos obscenos como aquellos que 'ofenden el pudor según el sentir común'. La aplicación de la primera norma supone un juicio de hecho, del tipo 'Ticio ha producido la muerte de un hombre'; la aplicación de la segunda supone, por el contrario, un juicio de valor del tipo 'Ticio, según el sentir común, ha ofendido el pudor'. El primer juicio, al referirse a un hecho empírico objetivo, es (relativamente) verificable y falsable, y es de esta manera un acto de conocimiento y de jurisdicción; el segundo, al referirse a una actitud de desaprobación del sujeto que lo pronuncia, es absolutamente inverificable e infalsable, y es, por lo tanto, un acto de valoración basado en una opinión subjetiva y meramente discrecional.

Si Ferrajoli tuviera razón, esto es, si todas las proposiciones que presuponen un juicio de valor no fueran aptas para la verdad y la falsedad (fuesen, como a veces se ha dicho, únicamente expresiones de emociones), entonces habría una razón muy fuerte para eliminar los términos valorativos de la formulación de las normas jurídicas: en presencia de conceptos valorativos nunca podríamos establecer si un caso individual es o no una instancia del concepto valorativo en cuestión. Es importante darse cuenta de que la presencia de conceptos valorativos en las normas jurídicas constituiría un problema mucho más grave que el de la vaguedad de los conceptos, porque al fin y al cabo los conceptos vagos sólo son problemáticos en los casos marginales de aplicación, mientras que los conceptos valorativos, con arreglo a esta concepción, serían problemáticos en *todos* sus casos de aplicación (véase este argumento en Moreso, 2009a: cap. 11).

Sin embargo, ¿qué razones tenemos para adoptar esta concepción de los conceptos valorativos? Parece que dicha concepción presupone la admisión de un enfoque escéptico en materia moral, es decir, un enfoque según el cual los juicios morales son sólo expresiones de emociones o bien prescripciones acerca de cómo debemos comportarnos y, por lo tanto, no pretenden describir el mundo. Este no es el lugar para una defensa del objetivismo en moral. Baste con apreciar que el argumento de Ferrajoli presupone el rechazo del objetivismo.

En los últimos trabajos de Ferrajoli (desarrollando las ideas presentes en 2007, 2011a, 2011b, 2012 y Ferrajoli & Ruiz Manero, 2012) hay un refinamiento considerable de esta posición. Aunque sigue manteniendo su punto de vista, por razones ontológicas y epistémicas, de acuerdo con el cual no puede predicarse valor de verdad de los juicios morales; y sigue manteniendo también que el objetivismo moral lleva inevitablemente al dogmatismo y al absolutismo moral, explica más claramente su posición metaética (por ejemplo, Ferrajoli, 2012b: 67):

El rechazo del cognitivismo y del objetivismo moral, por otro lado, no debilita, ni aun mínimamente, la firmeza con la que defendemos nuestras tesis morales o políticas en materia de justicia, como las tesis sobre la igualdad o sobre la libertad [...] La alternativa al cognitivismo ético, en efecto, no es en absoluto, a mi parecer, el relativismo emotivista, o la idea de que los valores éticos son el fruto de preferencias inmotivadas, ni aún menos, el indiferentismo moral: personalmente tiendo a no usar la expresión 'relativismo moral', a mi parecer altamente equívoca, sino la expresión 'anticognitivismo (o anticognitivismo y antiobjetivismo) ético'. La alternativa es simplemente la fundamentación, racionalmente motivada y argumentada, aunque no 'verificada', de nuestras tesis ético-políticas, en cuanto tales normativas, con base en (nuestra concepción de) la justicia, más bien que con base en la verdad.

A esta posición metaética se suma una posición que acepta lo que denomina "la positivización de la 'ley de la razón'", es decir, la incorporación de la moralidad en el derecho. Por ejemplo (Ferrajoli, 2011: 25):

> De este modo, el antiguo y recurrente contraste entre *razón* y *voluntad*, entre *ley de la razón* y *ley de la voluntad*, entre *derecho natural* y *derecho positivo*, entre Antígona y Creonte, que recorre la filosofía jurídica y política en su totalidad, desde la antigüedad hasta el siglo XX, y que corresponde al antiguo y también recurrente dilema y contraste entre el *gobierno de las leyes* y el *gobierno de los hombres*, ha sido en gran parte resuelto por las actuales constituciones rígidas, a través de la positivización de la "ley de la razón" –aun cuando históricamente determinada y contingente– bajo la forma de los principios y de los derechos fundamentales estipulados en ellas, como límites y vínculos a la "ley de la voluntad", que en democracia es la ley del número expresada por la voluntad de la mayoría.

Esta posición es perfectamente compatible con la tesis de la incorporación y Ferrajoli puede, de acuerdo con ella, ser contado entre las filas de los positivistas incluyentes. Que su modo de defender esta tesis sea cuidadoso en no colapsar la argumentación jurídica con la argumentación moral y en no dar alas al activismo judicial es un modo concreto de ser incorporacionista. Pero, tal y como lo veo, el constitucionalismo garantista de Ferrajoli presupone la tesis de la incorporación.

Sin duda que esta tesis de Ferrajoli está en tensión con sus posiciones metaéticas. En mi opinión la tesis de la incorporación presupone el objetivismo ético, si por tal entendemos algo similar a lo que Rawls (2000: 245) atribuye a la ética kantiana: "decir que una convicción moral es objetiva, entonces, es decir que hay razones suficientes para convencer a todas las personas razonables de que es válida o correcta".

7. LA OBJECIÓN DE LA PENDIENTE RESBALADIZA

Aquí no he discutido un argumento que a menudo se expone (Raz, 2004; Shapiro, 2009; Bayón, 2002b; Marmor, 2011) contra la tesis de la incorporación. Un argumento que es, en realidad, una instancia del argumento de la pendiente resbaladiza: si el derecho puede remitir algunas veces a la moralidad, entonces puede hacerlo siempre y, de tal modo, el derecho perdería su capacidad de resolver los conflictos mediante reglas claras, públicas y accesibles a todos. Algo de este argumento puede considerarse implícito en el constitucionalismo garantista de Ferrajoli (véase Moreso, 2011): la razón que justifica resolver nuestros conflictos mediante normas jurídicas es que dichas normas son públicas, accesibles a todos y capaces de poner fin a las discrepancias que podemos tener acerca de cómo debemos comportarnos en determinadas circunstancias. Si las normas jurídicas y, en especial, las normas constitucionales remiten a consideraciones morales, entonces no disponemos ya de normas públicas, accesibles y opacas a las razones subyacentes. Como a veces se dice, las normas jurídicas entonces no realizarían ninguna *diferencia práctica*. La tesis de la diferencia práctica puede formularse del siguiente modo: si las pautas jurídicas aplicables por los jueces remiten a pautas morales, dichas pautas no están en condición de motivar la conducta de los jueces, porque dichas pautas no añaden nada a las razones que los jueces ya tendrían, si fueran racionales, para actuar. En otras palabras, las remisiones del Derecho a la moralidad son superfluas y, por lo tanto, la única concepción plausible del Derecho, como un instrumento capaz de producir diferencia práctica, es el positivismo excluyente.

Veamos el argumento en la versión de Scott Shapiro. Shapiro (2011: 279-280; también 2009) ha elaborado un argumento tratando de mostrar que la distinción entre aplicar y crear el derecho no es exhaustiva. Este es su argumento:

> [Los positivistas jurídicos incluyentes] imaginan que si los jueces encuentran el derecho en los casos difíciles, no pueden crearlo. La verdad, sin embargo, es que los jueces pueden hacer ambas cosas. Pueden aplicar el derecho actuando como la moralidad les requiere y aplicando derechos preexistentes decidiendo a favor de la parte con el mejor título moral. Aún así, pueden crear nuevo derecho y nuevos derechos al reconocer que una de las dos partes en litigio debe vencer. Bajo una descripción, 'decidir por la parte con el mejor derecho desde el punto de vista

moral', la decisión es jurídicamente requerida; bajo
la otra, 'decidir por el destinatario de la promesa',
es jurídicamente no regulada.

Este parece un extraño argumento. Vayamos a nuestro ejemplo de las penas crueles: según Shapiro, los
castigos crueles desde el punto de vista moral están
prohibidos por el derecho y, bajo esta descripción, los
jueces no tienen discreción; sin embargo, los jueces
tienen discreción para aplicar, bajo esta descripción,
la pena del saco. Si es verdad que la constitución prohíbe las penas crueles y es verdad que la *Poena Cullei*
es cruel, entonces la pena cruel está prohibida por la
constitución y los jueces no tienen discreción alguna.
Sin embargo, para que esta respuesta a Shapiro fuese
plenamente convincente debería mostrarse que el derecho requiere todo aquello que está implícitamente
implicado por sus requerimientos. No suponerlo así
sería, sin embargo, adoptar una versión algo ingenua
del derecho; como si fuese el resultado deliberado de
las órdenes de una sola persona. Sólo en este sentido
podría sostenerse que algo que es querido bajo una
descripción no lo es bajo otra. De un modo tal vez
semejante a como alguien puede decir que quiere
comerse un plato de langosta bajo la descripción de
tomar algo sabroso, como un *sauvignon* delicioso, y
que no lo quiere bajo la descripción de tomar algo
que aumenta el ácido úrico de su cuerpo.

Creo que esta crítica cede si son plausibles los dos
siguientes argumentos: en primer lugar, que las remisiones a la moralidad son limitadas y no conducen a

que siempre en la aplicación del derecho interviene activamente la argumentación moral[27] y, en segundo lugar, que la diferencia práctica del derecho va de la mano de su estructura institucional[28].

Muchos supuestos de aplicación del derecho son opacos a las razones morales subyacentes. Cuando un juez rechaza una demanda por hallarse fuera de plazo, lo hace sin acudir a la razón subyacente que justifica: por razones de seguridad, estabilidad de las expectativas y adecuado funcionamiento de la administración de justicia, el hecho de poner límites temporales a la interposición de nuestras reclamaciones jurídicas; sencillamente la rechaza por estar fuera de plazo. El recurso a las razones morales ha de estar reconocido, de un modo u otro, por las razones jurídicas. Cuando, por ejemplo, la Constitución española prohíbe, en su artículo 15, los tratos inhumanos o degradantes, habilita al Tribunal Constitucional (el único competente para apreciar la constitucionalidad de las leyes, en España) a razonar moralmente cuando se le plantea, por ejemplo, si es constitucional la norma penitenciaria que niega a algunos presos las denominadas comunicaciones íntimas.

---

27 Una posición según la cual, si se acepta el incorporacionismo, entonces no hay modo plausible de detener la invasión del derecho por parte de la moralidad, en ORUNESU, PEROT & RODRÍGUEZ (2005).

28 Para este segundo punto véase el sugerente estudio de ATIENZA & RUIZ MANERO (2001).

Este último ejemplo puede servir también para comprender cómo la estructura institucional del derecho es la que permite a las normas con consideraciones morales realizar una diferencia práctica, conservar la fuerza normativa. Me explico: si la denegación de las comunicaciones íntimas a determinados presos es una norma de rango reglamentario, entonces un funcionario de prisiones no puede acudir al razonamiento moral para aplicarla, para él la norma es totalmente opaca a las razones subyacentes. En cambio, un juez de vigilancia penitenciaria puede considerarla inconstitucional, y, como tal, nula e inaplicable. Si, en cambio, se trata de una norma con rango de ley, entonces el juez sólo puede plantear una cuestión de inconstitucionalidad y es el Tribunal Constitucional el único competente para anularla. Es decir, en virtud de la estructura institucional dichas normas adquieren diverso peso normativo, tienen un grado de opacidad diferente para los diversos aplicadores del derecho. La incorporación de la moralidad en el derecho puede ser vista como el proceso de levantar progresivamente el velo de la opacidad de las reglas.

En resumen, la tesis de la incorporación es compatible con la tesis de la separación conceptual entre el derecho y la moral, puesto que el derecho incorpora pautas morales de manera contingente y dependiendo de cuál sea su contenido. Es también más apta para dar cuenta del indiscutible hecho de que nuestras fuentes jurídicas constitucionales y legales, y también las decisiones de nuestros tribunales recurren a menudo al lenguaje de la moralidad. La tesis de la incorporación explica las razones, el alcance y los límites del espacio que la moralidad ocupa en la práctica institucional de creación y aplicación del derecho.

8. EL CONVENCIONALISMO Y EL POSITIVISMO JURÍDICO INCLUYENTE

Como es sabido, una de las más habituales defensas de la tesis iuspostivista de las fuentes sociales del derecho es su interpretación *convencionalista*. A menudo, la regla de reconocimiento hartiana ha sido interpretada, de uno u otro modo, como una convención[29]. Al margen de la adecuación de este enfoque, algunos autores han tratado de poner de manifiesto que dicho enfoque es incompatible con la tesis de la incorporación defendida por el positivismo jurídico incluyente.

Andrei Marmor, un defensor en diversos trabajos (véase Marmor, 2009) de este enfoque, argumenta así (Marmor, 2011: 97) cuando se refiere a la posibilidad del error en la comunidad jurídica:

Si se suscribe el criterio positivista conforme al cual la juridicidad es, al final, una cuestión de reglas sociales, entonces la idea de que una comunidad entera

---

29 Véanse, por ejemplo, los libros colectivos de COLEMAN (2001b) y REDONDO (2003). Puede verse también LAGERSPETZ (1995), VILAJOSANA (2010) y SÁNCHEZ BRÍGIDO (2010).

pueda equivocarse acerca de las leyes que la regulan
es, como mínimo, misterioso.

Sabemos que a menudo decía que, en la literatura
iuspositivista, se ha adoptado un enfoque convencionalista acerca de los criterios últimos de identificación del derecho. Entonces, arguye Marmor, no es
razonable que estemos equivocados acerca de hechos
que son convencionales y, en cambio, si es razonable
que estemos (incluso todos) equivocados acerca de la
moralidad de determinados comportamientos. Hay
que reconocer que es verdad que el derecho no sería
comprensible como práctica social si cupiera el error
generalizado sobre todos los aspectos. Sin embargo,
esto es compatible con un error generalizado sobre
algunos aspectos, precisamente aquellos en los que
se remite a la moralidad.

Cuando la Corte Suprema de Estados Unidos
decidió que la segregación racial en las escuelas era
contraria a la constitución americana asumió que
hasta ese momento había habido un error ampliamente generalizado acerca de lo que la Constitución
requería[30].

Juan Carlos Bayón usa un argumento ligeramente
diferente. Bayón (2002a: 48, también 2002b) sostiene,
convincentemente, que el incorporacionismo supone
la posibilidad de que exista una convención para
guiarse por criterios no convencionales y, de este

---

30 Véase *Brown v. Board of Education*, 347 U. S. 483 (1954).

modo, puede suponer que la existencia del derecho depende, en último término, de criterios convencionales aunque su contenido pueda ser identificado mediante criterios no convencionales. Y entonces arguye:

> Pero la réplica –que me parece correcta– del partidario de la versión fuerte de la tesis social es que esa vía media es ficticia, porque la idea misma de una convención de seguir criterios no convencionales resulta incoherente. Para que exista una regla convencional es necesaria una práctica social convergente y, por tanto, algún grado de acuerdo. Pero si hay acuerdo acerca del contenido de los criterios a los que esa presunta convención compleja se remite –y se entiende que la extensión de ese acuerdo define la extensión de la convención–, entonces no es cierto que dichos criterios sean no convencionales; y si dicho acuerdo no existe, entonces no hay práctica social convergente alguna y por tanto no hay en realidad regla convencional. En suma, una presunta convención de seguir criterios no convencionales o bien es una convención sólo aparente, o bien su contenido no es en realidad seguir criterios no convencionales. Así que el incorporacionismo queda expuesto al siguiente dilema: o bien abandona el convencionalismo, o bien acaba siendo indistinguible del positivismo excluyente.

Creo, no obstante, que el argumento de Bayón sería correcto si la convención pudiera, por así decirlo, autoanularse siempre. Pero si es posible mostrar que hay algunos elementos del derecho que no pueden recurrir a la moralidad, entonces es posible sostener un modo de escapar al dilema. Trataré de mostrar cómo en el siguiente apartado.

9. LA TESIS DE LA INCORPORACIÓN Y LAS DECISIONES FINALES

K. E. Himma, que había mostrado simpatía hacia el positivismo jurídico incluyente (Himma, 1999), ha cambiado su posición convencido de no haber tenido en cuenta anteriormente la importancia de las decisiones de las autoridades finales, es decir, el hecho de que lo que las sentencias que devienen firmes establecen constituye la última palabra en el derecho (Himma, 2003, 2005, 2009).

Dicho muy resumidamente, el argumento de Himma es el siguiente: si el positivismo incluyente llevase la razón y dado que –esto no lo pone en duda el autor– la Constitución estadounidense incorpora pautas morales, entonces el último criterio de validez jurídica en los Estados Unidos sería el siguiente (Himma, 2009: 119):

Formulación de la mejor interpretación objetiva: Una norma promulgada debidamente es jurídicamente válida si y sólo si se conforma con aquello que, como cuestión objetiva, es la mejor interpretación desde el punto de vista moral de las normas sustantivas de la Constitución.

Según Himma, este no puede ser el último criterio de validez jurídica en los Estados Unidos porque las decisiones finales de la Corte Suprema, aún si no toman en cuenta la mejor interpretación desde el punto de vista moral, son las que tienen fuerza de obligar a todos los operadores jurídicos, al resto de Tribunales y a los miembros de la administración, y esta es una obviedad que conocen todos los familiarizados con el sistema jurídico de los Estados Unidos. Lo mismo sucede con los sistemas jurídicos europeos. Las decisiones finales de los tribunales constitucionales europeos tienen fuerza vinculante para todos los jueces y tribunales y para todos los órganos de la administración. Y las decisiones finales de esos tribunales supremos también, aunque de un modo diferente –como es obvio– al del sistema del *binding precedent* anglosajón.

Por esta razón, Himma sostiene que la anterior formulación (y otras muchas que ensaya en sus trabajos) deben ser abandonadas y sustituidas por la siguiente formulación del criterio último de validez (Himma, 2009: 120):

Formulación de la mejor interpretación del Tribunal: Una norma promulgada debidamente es jurídicamente válida excepto si es declarada inconstitucional con arreglo a lo que la mayoría de los magistrados deciden que es, como una materia objetiva, la interpretación mejor desde el punto de vista moral de las normas sustantivas de la Constitución.

El problema de esta posición es, simplemente, que se convierte en otra versión del punto de vista según el cual el derecho es lo que los jueces dicen que es. Y esto no reconstruye razonablemente nuestra práctica, que incluye la conciencia de que los jueces se equivocan. No reconstruye la práctica de que, dicho con Hart (2004: 141-147), una cosa es que las decisiones de determinados tribunales sean finales, y otra muy distinta es que sean infalibles. En otros lugares he denominado a esta doctrina la doctrina *Julia Roberts* (Moreso, 2009a: cap. 9, y 2010b), puesto que en un caso relativamente reciente, *Lawrence v. Texas*[31], el Tribunal Supremo de los Estados Unidos decidió anular *Bowers v. Hardwick*[32], y revocar la sentencia de la Corte del Tribunal de Apelación del Distrito de Texas al considerar que las imputaciones penales por relaciones sexuales entre adultos en el domicilio vulneran intereses fundamentales como la libertad y la intimidad protegidas por la cláusula del debido proceso de la enmienda catorce de la Constitución estadounidense. El Tribunal afirma: "*Bowers* was not correct when it was decided, and it is not correct today. It ought not to remain binding precedent. *Bowers v. Hardwick* should be and now is overruled". Si se me permite una frivolidad, podríamos decir que *Julia Roberts tenía razón* porque, al comienzo de la película *El informe pelícano,* el

---

31 539 U. S. 558 (2003).
32 478 U. S. 186 (1986).

personaje interpretado por la actriz Julia Roberts, una estudiante de Derecho, discute con su profesor de Derecho Constitucional acerca de *Bowers* y arguye que la ley de Georgia, que califica la sodomía como un delito penal, era inconstitucional. El profesor replica: "Well, the Supreme Court disagree with you, miss Shaw. They found that the state did not violate the right of privacy. Now, why is that?", y la estudiante contesta: "Because, they are wrong".

No me parece razonable, sin embargo, considerar que todo lo que el derecho requiere es controvertido y depende de consideraciones valorativas, como a veces se sugiere. Algunos aspectos de la práctica han de estar protegidos de esta controversia si la práctica debe tener la cualidad procesal de poner un final institucional a las controversias. En mi opinión –y expuesto de modo muy tentativo–, al menos el contenido de las reglas jurídicas de las siguientes clases ha de poder identificarse sin controversia ni recurso a valoraciones[33]:

a) Las reglas que confieren poderes y las reglas de adjudicación en aquello que se refiere a la determinación de los órganos jurídicos y de los procedimientos.

b) Las resoluciones judiciales y administrativas que establecen las decisiones individuales.

---

33 Obviamente que así se concede una parte de la razón a los positivistas exclusivos, quienes sostienen que la existencia y el contenido del derecho se determina sin recurrir a la moralidad. Es un argumento que ya presenté en MORESO (2010b).

c) Las reglas que establecen qué decisiones judiciales son definitivas y los procedimientos para
hacerlas cumplir por el resto de órganos judiciales
y administrativos.

Los tres puntos merecen algún comentario. En relación con el primero, es obvio que las reglas que
confieren poderes son controvertidas también por lo
que refiere al contenido, a la competencia material,
que suele estar limitada por disposiciones superiores ampliamente controvertidas: así el Parlamento
limitado por las disposiciones constitucionales. Sin
embargo, la determinación de quién sea el Parlamento o el Tribunal Constitucional puede determinarse
sin recurrir a juicios de valor.

Las decisiones individuales que ponen fin a las
controversias han de atribuir derechos y deberes de
un modo claro. Una sentencia penal debe condenar a
X por haber cometido el delito D, no puede condenar
a X bajo la condición de que no estuviera amparado
por una causa de justificación (lo que seguiría siendo
controvertible).

Respecto del último punto, es importante notar
que, por ejemplo, la Corte Suprema de los Estados
Unidos decidió en *Bush v. Gore*[34] que la decisión del
Tribunal Supremo de Florida, que establecía la necesidad de recontar los resultados de la elección presi-
dencial en el Estado de Florida, era inconstitucional

---

34 531 U. S. 98 (2000).

y, de este modo, permitió que George Bush fuera proclamado presidente. Fue una decisión muy controvertida y destacados juristas piensan que es equivocada[35], pero nadie ha defendido, hasta donde yo sé, que Bush fue proclamado presidente de los Estados Unidos de modo ilegal.

10. A MODO DE CONCLUSIÓN

Cualquier teoría jurídica debe hacer compatible dos dimensiones del derecho que se hallan en tensión. Por un lado, el derecho tiene una dimensión sustantiva, regula el comportamiento, establece deberes y derechos de los ciudadanos, que pueden obviamente ser vulnerados. Al ejercer esta función, el derecho algunas veces remite a la argumentación moral y, de este modo, hace que la corrección y validez jurídica dependa del acuerdo con la moralidad de determinadas acciones. Por otro lado, el derecho tiene una dimensión procedimental, establece mediante qué procedimientos cuáles son las autoridades jurídicas que ponen fin a las controversias. Esta dimensión no puede estar abierta a la moralidad, porque entonces sería virtualmente imposible poner fin a las controversias. La dimensión procesal del derecho le confiere de la necesaria estabilidad en la que descansan las múltiples controversias y desacuerdos sobre las cuestiones sustantivas.

---

35 Véase, por ejemplo, DWORKIN (2002).

REFERENCIAS

AGUSTÍN DE HIPONA (2012). *De libero arbitrio* (I. V. 11). Recuperado de http://www.augustinus.it/latino/libero_arbitrio/index2.htm

ALCHOURRÓN, C. E. & BULYGIN, E. (1991). "Los límites de la lógica y el razonamiento jurídico". En C. E. ALCHOURRÓN & E. BULYGIN, *Análisis lógico y Derecho* (pp. 303-328). Madrid: Centro de Estudios Constitucionales.

ALEXY, R. (1989). "On Necessary Relations Between Law and Morality". *Ratio Juris*, 2, 167-189.

ALEXY, R. (1992). *Begriff und Geltund des Rechts*. Freiburg/München: Verlag Alber.

ATIENZA, M. & RUIZ MANERO, J. (2001). "La dimensión institucional del derecho y la justificación jurídica". *Doxa*, 24, 115-130.

ATIENZA, M. & RUIZ MANERO, J. (2007). "Dejemos atrás el positivismo jurídico". *Isonomía*, 27, 7-28.

ATRIA, F. (2002). *Law and Legal Reasoning*. Oxford: Hart Publishing.

ATRIA, F. (2005). "Sobre las lagunas". En F. ATRIA, E. BULYGIN, J. J. MORESO, P. E. NAVARRO, J. RUIZ MANERO & J. L. RODRÍGUEZ, *Lagunas en el Derecho*. Madrid: Marcial Pons.

Bayón, J. C. (2002a). "El contenido mínimo del positivismo jurídico". En V. Zapatero (comp.), *Horizontes de la Filosofía del Derecho: Homenaje a Luis García San Miguel* (vol. 2, pp. 33-54). Alcalá de Henares: Servicio de Publicaciones de la Universidad de Alcalá.

Bayón, J. C. (2002b). "Derecho, convencionalismo y controversia". En P. E. Navarro & M. C. Redondo (Eds.), *La relevancia del derecho: Ensayos de filosofía jurídica, moral y política* (pp. 57-92). Barcelona: Gedisa.

Bulygin, E (1982). "Time and Validity". En A. A. Martino (Ed.), *Deontic Logic, Computational Linguistics and Legal Information Systems* (pp. 65-82). Amsterdam: North Holland.

Bulygin, E (2006). *El positivismo jurídico*. México: Fontamara.

Campbell, T. D. (1996). *The Legal Theory of Ethical Positivism*. Aldershot: Darmouth.

Carrió, G. R. (1971). *Principios jurídicos y positivismo jurídico*. Buenos Aires: Abeledo- Perrot.

Coleman, J. L. (1982). "Negative and Positive Positivism". *Journal of Legal Studies*, 11, 139-162.

Coleman, J. L. (1998a). "Incorporationism, Conventionalism, and the Practical Difference Thesis". *Legal Theory*, 4, 381-426.

Coleman, J. L. (1998b). "Second Thoughts and Other First Impressions". En B. Bix (Ed.), *Analyzing Law.*

New Essays in Legal Theory (258-278). Oxford: Oxford University Press.

COLEMAN, J. L. (2001a). *The Practice of Principle: In Defense of a Pragmatist Approach to Legal Theory*. Oxford: Oxford University Press.

COLEMAN, J. L. (Ed.) (2001b). *Hart's postscript: Essays on the Postscript to* The Concept of Law. Oxford: Oxford University Press.

COMANDUCCI, P. (2010). *Hacia una teoría analítica del derecho. Ensayos escogidos*. Madrid: Centro de Estudios Políticos y Constitucionales.

DWORKIN, R. (1975). "The Law of the Slave-Catchers". *Times Literary Supplement*, December, 5.

DWORKIN, R. (1986). *Law's Empire*. Cambridge, MA: Harvard University Press.

DWORKIN, R. (Ed.) (2002). *A Badly Flawed Election. Debating Bush v. Gore, the Supreme Court, and American Democracy*. New York: The New Press.

DWORKIN, R. (2006). *Justice in Robes*. Cambridge, MA: Harvard University Press.

DWORKIN, R. (2011). *Justice for Hedgehogs*. Cambridge, MA: Harvard University Press.

DYZENHAUS, D. (2000). "Positivism's Stagnant Research Programme". *Oxford Journal of Legal Studies*, 20, 703-722.

ENDICOTT, T. A. O. (2003). "Raz on Gaps-The Surprising Part". En Th. POGGE, L. MEYER & S. PAULSON (Eds), *Rights, Culture and the Law. Essays After Joseph Raz* (pp. 99-117). Oxford: Oxford University Press.

ESCUDERO ALDAY, R. (2004). *Los calificativos del positivismo jurídico*. Madrid: Civitas.

FERRAJOLI, L. (1989). *Diritto e ragione. Teoría del garantismo penale*. Roma-Bari: Laterza.

FERRAJOLI, L. (2007). *Principia Iuris. Teoria del diritto e della democracia*. Roma-Bari: Laterza.

FERRAJOLI, L. (2011a). "Constitucionalismo principialista y constitucionalismo garantista". *Doxa. Cuadernos de Filosofía del Derecho*, 34, 15-53.

FERRAJOLI, L. (2011b). "El constitucionalismo garantista. Entre paleo-iuspositivimo y neo-iusnaturalismo". *Doxa. Cuadernos de Filosofía del Derecho*, 34, 311-362.

FERRAJOLI, L. (2012). "La scelta come fondamento ultimo della morale". *Teoria Politica*, 2, 177-185.

FERRAJOLI, L. & RUIZ MANERO, J. (2012). *Dos modelos de constitucionalismo. Una conversación*. Madrid: Trotta.

GARDNER, J. (2001). "Legal Positivism: 5½ Myths". *American Journal of Jurisprudence*, 46, 199-226.

GARGARELLA, R. (2006). "El nacimiento del constitucionalismo popular". *Revista de Libros*, 112 (abril), 15-18.

GARZÓN VALDÉS, E. (1990). æAlgo más acerca de la relación entre Derecho y moral". *Doxa*, 8, 111-130.

GREEN, L. (2008). "Positivism and the Inseparability of Law and Morals". *New York University Law Review*, 83, 1035-1058.

GUASTINI, R. (2006). "Lo scettecismo interpretativo revisitato". *Materiali per una storia della cultura giuridica*, 36, 227-236.

HART, H. L. A. (1994). *The Concept of Law* (2nd ed.), P. BULLOCH & J. RAZ (Eds.). Oxford: Oxford University Press.

HIERRO, L. (2002). "¿Por qué ser positivista?". *Doxa*, 25, 263-302.

HIMMA, K. E. (1999). "Incorporationism and the Objectivity of Moral Norms". *Legal Theory*, 5, 415-434.

HIMMA, K. E. (2002). "Inclusive Legal Positivism". En J. L. COLEMAN & S. J. SHAPIRO (Eds.), *The Oxford Handbook of Jurisprudence and Philosophy of Law* (pp. 125-165). Oxford: Oxford University Press.

HIMMA, K. E. (2003). "Making Sense of Constitutional Disagreement: Legal Positivism, the Bill of Rights, and the Conventional Rule of Recognition in the United States". *Journal of Law and Society*, 42, 149-218.

HIMMA, K. E. (2005). "Final Authority To Bind With Moral Mistakes: On The Explanatory Potential of Inclusive Legal Positivism". *Law and Philosophy*, 24, 1-45.

HIMMA, K. E. (2009). "Understanding the Relationship Between The US Constitution and the Conventional Rule of Recognition". En M. D. ADLER & K. E. HIMMA (Eds.), *The Rule of Recognition and the U.S. Constitution* (pp. 95-121). Oxford: Oxford University Press.

HUGHES, G. E. & CRESSWELL, M. J. (1996). *A New Introduction to Modal Logic*. London: Routledge.

KELSEN, H. (1985). *¿Quién debe ser el defensor de la Constitución?* [1931], trad. de R. J. Brie. Madrid: Tecnos.

KELSEN, H. (1957). *What is Justice? Justice, Law, and Politics in the Mirror of Science*. Berkeley: California University Press.

KERR, P. (1992). *A Philosophical Investigation*. London: Chatto & Windus. Trad. al castellano por M. Bach (1996), *Una investigación filosófica*. Barcelona: Anagrama.

KRAMER, L. (2004). *The People Themselves. Popular Constitutionalism and Judicial Review*. Oxford: Oxford University Press.

KRAMER, M. (2000). "How Moral Principles Can Enter into the Law". *Legal Theory*, 6, 103-107.

KRAMER, M. (2001). "Dogmas and Distortions: Legal Positivism Defended. A Reply to David Dyzenhaus". *Oxford Journal of Legal Studies*, 21, 673-701.

KRAMER, M. (2007). "Why The Axioms and Theorems of Arithmetic are not Legal Norms". *Oxford Journal of Legal Studies*, 27, 555-562.

LAGERSPETZ, E. (1995). *The Opposite Mirrors. An essay on the Conventionalist Theory of Institutions*. Dordrecht: Kluwer.

LAPORTA, F. J. (2007). *El imperio de la ley. Una visión actual*. Madrid: Trotta.

LEITER, B. (2001). "Legal Realism and Legal Positivism Reconsidered". *Ethics*, 111, 278-301.

LEITER, B. (2002). "Law and Objectivity". En J. COLEMAN & S. SHAPIRO (Eds.), *The Oxford Handbook of Jurisprudence and Philosophy of Law* (pp. 969-989). Oxford: Oxford University Press.

LEITER, B. (2009). "Explaining Theoretical Disagreement". *University of Chicago Law Reviewk*, 76, 1215-1250.

LYONS, D. (1977). "Principles, Positivism and Legal Theory". *Yale Law Journal*, 87, 415-436.

MARMOR, A. (2002). "Exclusive Legal Positivism". En J. L. COLEMAN & S. J. SHAPIRO (Eds.), *The Oxford Handbook of Jurisprudence and Philosophy of Law* (pp. 104-124). Oxford: Oxford University Press.

MARMOR, A. (2009). *Social Conventions*. Oxford. Oxford University Press.

MARMOR, A. (2011). *Philosophy of Law*. Princeton: Princeton University Press.

MORESO, J. J. (1997). *La indeterminación del Derecho y la interpretación de la Constitución*. Madrid: Centro de Estudios Políticos y Constitucionales.

MORESO, J. J. (2009a). *La Constitución: modelo para armar*. Madrid: Marcial Pons.

MORESO, J. J. (2009b). "Legal Positivism and Legal Disagreements". *Ratio Juris*, 22, 62-73.

MORESO, J. J. (2011). "Antígona como *defeater*. Sobre el constitucionalismo garantista de Ferrajoli". *Doxa. Cuadernos de Filosofía del Derecho*, 34, 183-199.

MORESO, J. J. (2012a). "La ciudadela de la moral en la corte de los juristas". *Anuario de Filosofía del Derecho*, 28, 119-140.

MORESO, J. J. (2012b). "Legal Defeasibility and the Connection between Law and Morality". En J. FERRER BELTRÁN & G. RATTI (Eds.), *The Logic of Legal Requirements. Essays on Defeasibility* (cap. 13). Oxford: Oxford University Press.

MORESO, J. J. & NAVARRO, P. E. (1997). "Applicability and Effectiveness of Legal Norms". *Law and Philosophy*, 16, 201-219.

NINO, C. S. (1994). *Derecho, moral y política*. Barcelona: Ariel.

ORUNESU, C., PEROT, P. & RODRÍGUEZ, J. L. (2005). "Derecho, moral y positivismo". En C. ORUNESU, P. PEROT & J. L. RODRÍGUEZ, *Estudios sobre la interpretación y la dinámica de los sistemas constitucionales* (pp. 59-90). México: Fontamara.

PERRY, J. (2011). "Textualism and the Discovery of Rights". En A. MARMOR & S. SOAMES (Eds.), *Philosophical Foundations of Language in the Law* (pp. 105-129). Oxford: Oxford University Press.

PRIETO SANCHÍS, L. (2008). "Principia iuris: una teoría del derecho no (neo)constitucionalista para el estado constitucional". *Doxa*, 31, 325-354.

RAWLS, J. (2000). *Lectures on the History of Moral Philosophy*. Cambridge, MA: Harvard University Press.

RAZ, J. (1979). *The Authority of Law*. Oxford: Oxford University Press.

RAZ, J. (1994). *Ethics in the Public Domain*. Oxford: Oxford University Press.

RAZ, J. (2004). "Incorporation by Law". *Legal Theory*, 10, 1-17.

REDONDO, M. C. (Ed.) (2003). *Il Postscript di H. L. A. Hart*. En *Ragion Pratica*.

ROSS, A. (1958): *On Law and Justice*. London: Stevens and Sons.

SÁNCHEZ BRÍGIDO, R. E. (2010). *Groups, Rules and Legal Practice*. Dordrecht: Springer.

SCALIA, A. (1997). *A Matter of Interpretation*. Princenton: Princeton University Press.

SCARPELLI, U. (1965). *Cos'è il positivismo giuridico*. Milano: Edizione di Comunità.

SHAPIRO, S. J. (1998). "On Hart's Way Out". *Legal Theory*, 4, 469-508.

SHAPIRO, S. J. (2007). "The 'Hart-Dworkin' Debate: A Short Guide for the Perplexed". En. A. RIPSTEIN (Ed.), *Ronald Dworkin* (pp. 22-55). Cambridge: Cambridge University Press.

SHAPIRO, S. J. (2009). "Was Inclusive Legal Positivism Founded on a Mistake?". *Ratio Juris*, 22, 326-338.

SHAPIRO, S. J. (2011). *Legality*. Cambridge, MA: Harvard University Press.

SOPER, P. (1977). "Legal Theory and Obligation of the Judge: The Hart/Dworkin, Dispute". *Michigan Law Review*, 75, 511-542.

TOMÁS DE AQUINO (2012). *Summa Theologiae* (I-II. q. 95 a. 2 c). Recuperado de http://www.corpusthomisticum.org/sth1001.html

TROPER, M. (2001). "Une théorie réaliste de l'interprétation". En O. JOUANJEAN (Ed.), *Dossier Théories réalistes du droit* (51-78). Strasbourg: PU de Strasbourg.

TUSHNET, M. (1999). *Taking the Constitution Away from the Courts*. Cambridge, MA: Harvard University Press.

VILAJOSANA, J. M. (1998). "Sobre recepción de normas". *Isonomia*, 8, 181-191.

VILAJOSANA, J. M. (2010). *El derecho en acción. La dimensión social de las normas jurídicas*. Madrid: Marcial Pons.

WALUCHOW, W. J. (1994). *Inclusive Legal Positivism*. Oxford: Oxford University Press.

WALDRON, J. (2001). "Normative (or Ethical) Positivism". En J. COLEMAN (Ed.), *Hart's Postscript. Essays on the Postscript to the Concept of Law* (cap. 12). Oxford: Oxford University Press.

WALDRON, J. (2011). "Vagueness and the Guidance of Action". En A. MARMOR & S. SOAMES (Eds.), *Philosophical Foundations of Language in the Law* (pp. 58-82). Oxford: Oxford University Press.

TEORÍA DEL DERECHO Y NEUTRALIDAD VALORATIVA

1. Introducción

Una de las caracterizaciones más conocidas del positivismo jurídico es aquella que se corresponde con el *motto* de John Austin: "Una cosa es la existencia del derecho, otra su mérito o demérito" (Austin, 1832: 157). Dicha caracterización ha sido usualmente asociada con la idea de que mientras la existencia del derecho es una cuestión de hecho, aquello que el derecho debe ser es una cuestión de valoraciones y también con el correlato epistémico de esta dicotomía ontológica, es decir, la tarea de conocer aquello que sea el derecho es una tarea descriptiva y moralmente neutral, mientras la tarea de establecer sus méritos es una tarea evaluativa y moralmente comprometida.

Ni John Austin, ni Jeremy Bentham antes que él, creyeron que la tarea evaluativa careciera de sentido. Por el contrario, ambos pensaban que era una tarea que tenía perfecto sentido, y que ellos creían que había de ser llevada a cabo con el molde del utilitarismo. Ahora bien, ambos pensaron que las dos tareas habían de separarse claramente. Una idea que procedía ciertamente de la estricta separación, establecida por David Hume, entre el ámbito de lo fáctico y el ámbito de lo normativo, con arreglo a la cual –como es sabido– no pueden derivarse enunciados de deber de enunciados descriptivos, el "debe" no puede inferirse del "es" (Hume, 1978: 469-470).

No obstante, elaborando algunas ideas que procedían del empirismo humeano, es en el ámbito del positivismo lógico, a comienzos del pasado siglo, cuando la dicotomía entre los hechos y los valores se agudiza. Los positivistas lógicos distinguían, en el ámbito de las proposiciones significativas, las proposiciones analíticas, cuya verdad depende únicamente de su forma lógica y las proposiciones fácticas, cuya verdad depende de cómo sea el mundo, proposiciones que son *verificables*. Esta distinción permitía, a su vez, distinguir entre problemas lógicos o conceptuales, que versan sobre el significado de las palabras y problemas empíricos, que versan sobre los hechos. El resto de problemas de los que se había ocupado la filosofía eran sólo pseudo-problemas. Y, por lo tanto, los juicios de valor carecen de significado cognoscitivo, son totalmente subjetivos, meras expresiones de emociones o descripciones de las emociones de otros.[1]

Esta posición tuvo una influencia muy considerable en los diversos ámbitos de la filosofía y de las

---

1   El *locus classicus* de dicha posición tal vez sea el capítulo sexto de AYER (1936).

ciencias sociales. La tuvo, como tendré ocasión de analizar, en la teoría jurídica. La tuvo también en la teoría económica y es esta influencia la que tomó Hilary Putnam (2002), como objeto de sus Rosenthal Lectures en la Escuela de Derecho de la Universidad de Northwestern, para tratar de mostrar las debilidades de la dicotomía tal como a menudo se plantea y su significación para la economía. Al final de sus lecciones, Putnam (2002: 64) afirma: "Una de las razones por las que he analizado la dicotomía hecho/ valor en estos capítulos ha consistido no únicamente en suministrar una visión filosófica de las razones por las cuales economistas como Lionel Robbins pensaron que el desarrollo de lo que Walsh ha llamado 'la segunda fase de la economía clásica', la tarea de 'llevar la economía cerca de la ética', era 'lógicamente imposible'; sino también, abatiendo esas razones, he querido suministrar una filosofía del lenguaje que pueda dar acomodo y apoyo a esta segunda fase. Creo, pero consciente de mis propias limitaciones no he tratado de documentarlo, que muy semejantes cuestiones surgen en el ámbito del derecho".

Pues bien, persuadido de que Putnam lleva razón, me propongo en lo que sigue tratar de *documentar* esta sugerencia suya referida al derecho. Para ello, en primer lugar, reconstruiré sucintamente los argumentos de Putnam y algunos de Amartya Sen, al que Putnam toma –con toda la razón– como paradigma de autor que ha acercado la ética y la economía. En segundo lugar, trataré de mostrar cómo la teoría jurídica ha seguido una evolución en cierto modo

paralela a la teoría económica. En tercer lugar, ya en
el ámbito de la teoría jurídica únicamente, distinguiré
dos sentidos que en ella puede atribuirse a la idea
de la neutralidad valorativa. Y, por último, concluiré
estableciendo en qué sentido, en mi opinión, la teoría
jurídica ha de aceptar la *imbricación* entre los hechos
y los valores y en qué sentido, sin embargo, ello no
comporta la introducción no filtrada de los juicios de
valor de los juristas en su tarea cognoscitiva.

2. *Putnam after Sen*[2]

Amartya Sen (1987: 2-7) ha sugerido que la economía tiene dos orígenes distintos. Por un lado, ya en
la obra de Aristóteles, la economía guarda relación
con los fines básicos de los seres humanos, en cómo
la producción y distribución de la riqueza se entrelazan con el logro de estos fines básicos. Este origen
vincula la economía con la ética. El segundo origen
de la economía la considera relacionada no con los
fines últimos de los humanos, no con cuestiones referidas a cómo debemos vivir, sino con cuestiones
técnicas relativas a cómo diseñar los instrumentos
para alcanzar algunos fines que se consideran dados.
Sen lo denomina el "engineering approach".

Aunque en la economía clásica ambos enfoques eran complementarios y Sen se esfuerza por

---

2   La razón de este título será diáfana para aquellos que lean
Walsh (2000), Walsh (2003) y Sen (2005).

mostrar como esto era así en un autor como Adam Smith (que escribió no sólo su conocido clásico de economía, Smith, 1991, sino también sobre filosofía moral, Smith, 1975 y, póstumamente publicado, sobre jurisprudencia, Smith, 1978), parcialmente el prestigio del positivismo lógico hizo que esta dos tradiciones se separaran radicalmente. El influyente economista Lionel Robbins (1935: 148) sostuvo que la ética y la economía son dos ámbitos lógicamente separados, puesto que la economía trata de hechos determinables, mientras la ética trata de evaluaciones y obligaciones, y "si discrepamos acerca de la moralidad... entonces no hay lugar para el argumento".

Otra idea de Lionel Robbins iba a resultar a la postre muy relevante. Robbins sostuvo que las comparaciones interpersonales de utilidad, necesarias para llevar a cabo el cálculo utilitario requerido por la economía del bienestar, han de ser calificadas como éticas o normativas y arrojadas al infierno de la irracionalidad (Robbins, 1938)[3].

---

3   Como Sen (1987: 30 y nota 1) señala, la razones de Robbins no son del todo claras. Me parece que Sen lleva razón cuando afirma que Robbins estaba más interesado en destacar el aspecto negativo de su tesis, con arreglo a la cual las comparaciones interpersonales de utilidad no tienen fundamento científico, que el aspecto positivo, conforme al cual dichas comparaciones son de carácter ético. Tal vez algo semejante ocurre con la afirmación de muchos teóricos del derecho procesal y de muchos jueces según la cual, en ocasiones, las valoraciones de los hechos llevadas a cabo por los jueces en el proceso son, en realidad, juicios de valor. Véase Ferrer (2005: p. 51 y nota 53).

Con este panorama el enfoque técnico, el *enginee-ring approach* de la economía, estaba llamado al éxito.

Abandonadas las comparaciones interpersonales de utilidad, a la economía del bienestar le quedaba solamente el establecer un modo de enfocar la construcción de una función de bienestar social en la línea de la teoría de la acción social, que tiene sus orígenes en algunas muy relevantes contribuciones matemáticas de pensadores franceses del siglo XVIII, como J. C. Borda o el marqués de Condorcet. La contribución capital es obviamente la de Kenneth J. Arrow (1951) y su conocido teorema de imposibilidad. Como es sabido dicho teorema establece que cuatro condiciones, aparentemente muy plausibles, que debe respetar la función de bienestar social no pueden ser satisfechas, por razones lógicas, de manera simultánea; las condiciones son las siguientes: 1) eficiencia paretiana, 2) no dictadura, 3) independencia de las alternativas irrelevantes y 4) dominio no restringido (que requiere que cualquier preferencia social debe ser un orden completo, con conexividad y transitividad para cualquier conjunto de preferencias individuales). La obra de Arrow estimuló como ninguna otra el desarrollo formal de la teoría de la elección social y dio paso a la época dorada de los desarrollos formales de la economía[4]. Pero no quiero detenerme

---

4   El propio SEN (por ejemplo, Sen, 1970) se ocupó de ello y de varios modos de debilitar algunos de los axiomas para evitar la imposibilidad. Un panorama excelente de este desarrollo puede

en estos desarrollos, quiero únicamente resaltar que los presupuestos de la teoría de la elección social y de la economía del bienestar quedaron reducidos a una imagen idealizada del ser humano como un ser con un conjunto consistente de preferencias que maximiza su autointerés. Los fines básicos, dados a la economía, quedan reducidos a algo tan endeble como el óptimo de Pareto: una situación social, como es sabido, es un óptimo de Pareto si y sólo si no puede aumentarse la utilidad de uno sin reducir la utilidad de otro. Como nos recuerda Sen (1987: 32): "Una situación social puede ser un óptimo de Pareto con algunas personas en la miseria más extrema y con otras en el mayor de los lujos, en la medida en que no pueda mejorarse la situación de los pobres sin reducir el lujo de los ricos". No obstante, con estos postulados se pudo demostrar el teorema fundamental de la economía del bienestar, conforme al cual bajo determinadas condiciones, todo estado social óptimo en el sentido paretiano es también un equilibrio perfectamente competitivo con respecto a algún conjunto de precios y para alguna distribución inicial de las dotaciones de las personas.

Con todo, la obra de Amartya Sen (y de otros muchos economistas y teóricos sociales) constituye un

---

hallarse en Sen (2002) y allí se hallará también la bibliografía relevante –se trata de la contribución de Sen en Estocolmo, con ocasión de ser distinguido con el premio Nobel de Economía en 1998.

modo especialmente perspicuo de poner en duda la versión de la persona como egoísta y de enriquecer con otros fines el óptimo de Pareto. El mismo rechazo de las comparaciones interpersonales de utilidad es desafiado, para aceptar algún tipo de comparabilidad parcial. Como el mismo Sen nos recuerda (2002: 79): "No tenemos grandes dificultades, por ejemplo, en reconocer que la utilidad que el emperador Nerón obtuvo del incendio de Roma fue menor que la suma total de la pérdida de utilidad de todos los romanos que sufrieron los efectos del fuego".

En cualquier caso, lo que emerge de este apretado (e incompleto) resumen es la necesidad de enriquecer los presupuestos con los que evaluar el bienestar económico de una sociedad. El debate y las críticas que el utilitarismo ha recibido en las últimas décadas tampoco pueden pasar desapercibidos a los economistas del bienestar y, por ello, es preciso que se embarquen en dicho debate para establecer más adecuadamente su noción de bienestar.

Brevemente, el legado de aportaciones como la de Sen puede presentarse del siguiente modo: a) un rechazo de la reducción de la racionalidad a consistencia interna, b) una ampliación, más allá del autointerés, de los motivos de los agentes racionales y, principalmente, c) la ampliación de los fines de la economía del bienestar, que habían quedado casi reducidos al óptimo de Pareto (en el caso de Sen, a través de su "capabilities approach", véase por ejemplo Sen 1999).

Merece la pena añadir que, como Sen (1987: 78-79) nos recuerda, también la ética puede beneficiarse de algunos de los desarrollos técnicos de la economía para una mejor comprensión de los problemas que analiza.

Pues bien, Putnam da argumentos para mostrar cómo el enfoque técnico y formal de la economía estuvo muy influido por la filosofía del positivismo lógico a la que me he referido y que, como sabemos, sostenía que los juicios de valor carecen de significado cognoscitivo y, por lo tanto, sobre ellos no es posible el control racional.

La posición de Putnam al respecto (2002: caps. 1 y 2) puede resumirse del siguiente modo:

Por una parte, la dicotomía entre los hechos y valores era deudora de la gran dicotomía entre proposiciones analíticas y proposiciones sintéticas. En un artículo famoso, W. V. O. Quine (1953) argüía que dos dogmas centrales del empirismo (y del positivismo lógico) debían ser arrinconados. Se trata de la distinción entre verdades *analíticas*, o basadas en el significado con independencia de las materias de hecho, y verdades *sintéticas*, o basadas en los hechos; y el *reduccionismo*, según el cual cada enunciado significativo es equivalente a un constructo lógico acerca de términos que se refieren a la experiencia inmediata. Quine aboga por una concepción *holista* del conocimiento humano, según la cual nuestros esquemas conceptuales son como redes que limitan con la experiencia. Revisar nuestras creencias es siempre una tarea que requiere embarcarnos en una posible revisión de todo nuestro esquema conceptual. De esta forma, el criterio de significación de las proposiciones del positivismo lógico, fundamentado en la distinción entre proposiciones analíticas y proposiciones fácticas (y con ella la posibilidad de distinguir con claridad entre problemas empíricos y problemas conceptuales) y en la posibilidad de verificar nuestras proposiciones fácticas a través de la verificación concluyente de un subconjunto de estas proposiciones, expresado mediante los enunciados *protocolares,* a los cuales todas las demás son *reducibles*, debe ser abandonada.

Si esto es así, tal vez también la dicotomía entre juicios de hecho y juicios de valor debe ser debilitada. El argumento principal de Putnam al respecto es el siguiente: existen muchas proposiciones significativas, con contenido informativo, que tienen una dimensión evaluativa. Los enfoques no-cognoscitivistas, como los del positivismo lógico, en materia moral suelen tener como referencia juicios morales que usan lo que se han denominado conceptos morales ligeros (*thin moral concepts*) que, tal vez, poseen sólo una dimensión prescriptiva, como "bueno", "correcto" o "deber". Pero el discurso moral, y el discurso ordinario –por cierto– contiene también conceptos morales densos (*thick moral concepts*), tales como "honesto", "cobarde", o "trato degradante". Parece difícil negar que pueda haber conocimiento acerca de los conceptos morales densos[5]. Poseemos dichos conceptos y sabemos a menudo a lo que nos referimos cuando los usamos. Una explicación de la aptitud para la verdad y, por lo tanto, para la objetividad, de los juicios morales que contienen conceptos densos, en la línea del prescriptivismo hareano (Hare, 1952)[6], es la que separa claramente dos dimensiones, la descriptiva y la prescriptiva, de ambos conceptos. Su contenido descriptivo tiene condiciones de verdad y lleva aparejada la dimensión prescriptiva. Su contenido descriptivo hace que el concepto sea guiado por el mundo, su dimensión prescriptiva lo hace capaz de guiar la acción, de ofrecer razones para la acción. Otros autores, como Bernard Williams, se inclinan por pensar que la dimensión evaluativa no puede ser netamente separada del contenido descriptivo del concepto, tal vez porque piensan que lo evaluativo no puede reducirse totalmente a lo prescriptivo, que evaluar no es únicamente una función de desear y, seguramente, porque desean rechazar lo que se ha denominado *centralismo* en moral, que presupone que los conceptos morales ligeros son los más básicos (como Hare), mientras afirman que las conclusiones que usan conceptos morales ligeros son

---

5   Véase, por ejemplo, WILLIAMS (1985: cap. 8) y RAZ (1999: cap. 6).

6   Existe, por cierto, un antiguo trabajo de AMARTYA SEN en el que a partir del prescriptivismo de Hare sugería ya una posición metaética que lo alejaba de los postulados del positivismo lógico: SEN (1967).

supervinientes en relación con las que usan conceptos morales densos (véase Hurley, 1990: cap. 2).

Sea como fuere, y esto es lo que Putnam quiere destacar (2002: 34-45), lo que muestra la existencia de proposiciones que contienen conceptos densos es la *imbricación* entre los hechos y los valores. Parece difícil pensar las ciencias sociales, tal y como las conocemos, sin este tipo de proposiciones. Los historiadores escriben cosas como "El emperador Calígula era cruel" y los economistas cosas como "La mayoría de los habitantes de Somalia viven en un estado de pobreza". Se trata de proposiciones significativas, poseen contenido informativo, pero también valoran negativamente a Calígula o la situación de Somalia. Parece una conclusión inevitable. No comprendemos estos conceptos sino comprendemos que tienen una dimensión evaluativa.

Deseo, sin embargo, realizar dos consideraciones con el objetivo de alcanzar una comprensión más cabal del comportamiento de estos conceptos. En primer lugar, deseo aclarar que del hecho de que a una situación se aplique un concepto denso positivo no siempre se deriva que dicha situación es elogiable o que tenemos razones para favorecerla. De la afirmación de que Desmond Tutu es amigo de Nelson Mandela, en su contexto de la lucha contra el *apartheid* en Sudáfrica, se puede obtener que Desmond Tutu debe contribuir a los objetivos políticos de Mandela. Sin embargo, del hecho de que Joseph Goebbels es amigo de Adolf Hitler no puede obtenerse que Goebbels deba contribuir a que Hitler se salga con la suya. Ciertamente, afirmar que alguien es amigo de otro supone atribuir a una relación entre personas algún valor, pero la instanciación de ese valor puede ser tan defectuosa que no suministre ya razones para actuar en determinado contexto.

En segundo lugar, para sostener una posición como la de la imbricación entre los hechos y los valores no hace falta suponer que existen en el mundo entidades metafísicas sospechosas. Esta es una posición compatible con el naturalismo. Obviamente que para lo que una vez Bernard Williams denominó la *concepción absoluta del mundo* (Williams, 1985: 138) no hay imbricación entre los hechos y los valores, allí hay sólo objetos y cualidades primarias. Se trata de algo como el ideal de la física, la teoría unificada del mundo. Pero, por ejemplo, en la concepción absoluta del mundo no hay colores; aún así no podemos comprender la pintura sin los colores. Más aún, en uno de los mejores y más influyentes libros sobre la filosofía de las ciencias humanas, *The Common Mind*, de Philip Pettit, el autor nos recuerda que el fisicalismo extremo que vindica, el *microfisicalismo,* es consistente con un enfoque comprensivo de los asuntos humanos. Pettit escribe (Petit 1996: 354-355):

El microfisicalismo antes introducido comporta la creencia de que si conociéramos todo lo que hay que conocer acerca de la distribución de las partículas microfísicas y acerca de las leyes microfísicas que gobiernan estas partículas, entonces comprenderíamos todo lo que hay que comprender. ¿Cómo puede entonces el modo de comprensión *Verstehen* disfrutar de la primacía que le confiero, dado que una comprensión microfísica completa pareciera derrotarla? ¿Cómo puede la dimensión conversacional conservar su interés una vez la dimensión microfísica es accesible?

Consistente con la verdad del microfisicalismo, un modo de comprensión o de conocimiento no-microfísico puede ser canónico en un importante sentido […] Consideremos el modo de saber que algo es rojo, que consiste en verlo como rojo y comparémoslo con el modo de saber que es rojo –él único accesible a un ciego, por ejemplo– que consiste en reconocer que tiene una propiedad que causa a sus portadores aparecer como rojo a observadores normales en condiciones normales. El primer modo de saber es canónico en el sentido de que el hecho que existe […] es la principal razón por la que la propiedad en cuestión solicita nuestro interés y atención. Y, sin embargo, el segundo modo de saber es mucho más cercano al modo de saber que la perspectiva microfísica nos ofrece.

Esto es, el mejor modo de comprender las sociedades humanas es aquel que tiene en cuenta que están formadas por agentes *intencionales* capaces de atribuir valor y disvalor a sus acciones. Ahora bien, este modo de comprensión es compatible con una concepción naturalista del mundo, estándar para la mayoría de nosotros. No se trata, debe quedar claro, de vindicar aquí el microfisicalismo sino sólo de mostrar que la imbricación entre los hechos y los valores es compatible incluso con una forma extrema de naturalismo como este.

3. La autonomía del derecho

Veamos ahora cómo la tesis de la imbricación entre los hechos y los valores se vincula con la teoría del derecho. Y veámoslo con una alegoría[7].

Pensemos en una práctica social más simple que el derecho. Pensemos en la práctica convencional de guardar la cola para comprar la entrada para el cine, para el teatro, para subir al autobús. Se trata de una práctica convencional y contingente, pero una vez establecida genera deberes y derechos a sus participantes, dicho ahora brevemente: el deber de aguardar a que obtenga su entrada o billete aquel que nos precede en la cola y el derecho a obtenerlo antes que el que nos sucede en la cola. Sin embargo, como se trata de una práctica convencional, no está escrito que todos los conflictos que pueden plantearse en lo que concierne a guardar la cola tengan una clara y unívoca solución en estas reglas tan simples. Pensemos en la cuestión siguiente: ¿puede venderse, a cambio de dinero o especie, la posición en la cola? Nada en las reglas referidas lo prohíbe, nada tampoco lo permite. Cuando en algunas ocasiones

---

7   Alegoría presentada por primera vez en Gargarella-Moreso 2006.

he planteado este problema a mis estudiantes de derecho, acostumbran a dividirse más o menos por la mitad. Supongamos que se plantea realmente el conflicto y supongamos también que, como ocurre en el derecho, hay alguien que tiene el cometido de resolver el conflicto, llamémosle el guardián de la cola. Si, como de nuevo ocurre en el derecho, existe la prohibición de *non liquet*, es decir, si el guardián de la cola está obligado a tomar una decisión, ¿con qué criterios habrá de tomarla?

Parece razonable pensar que nuestro guardián de la cola deberá argumentar por una solución que encaje mejor con el *sentido* que asignemos a la práctica de guardar la cola. Si se nos permite la frivolidad, podríamos decir que hay, al menos, dos enfoques posibles que atribuyen sentido a la práctica de guardar la cola, un enfoque *liberal* y un enfoque *republicano*. Para el enfoque liberal, la práctica tiene sentido en cuanto nos permite razonablemente la coordinación en aquellas actividades en las que somos muchos los que queremos disfrutar de algún recurso escaso y dicha coordinación satisface nuestros intereses individuales. Eso es todo. Para este enfoque no hay problema alguno en permitir la compraventa de la posición en la cola, puesto que ningún interés individual es afectado por esta compraventa. Para el enfoque republicano, en cambio, la práctica de guardar la cola tiene sentido porque otorgando el derecho por turnos como consecuencia de la espera, nos reconocemos unos a otros como iguales, como miembros del mismo grupo y aceptar la compraventa, representaría

corromper este reconocimiento recíproco, puesto que
alguien podría alcanzar su turno sólo por disponer de
más dinero. Si a alguien le parece ilusa la concepción
republicana, que piense en una lista de espera para
un trasplante de riñón y considere entonces cuán
razonable le parecería admitir la compraventa del
lugar en la lista. Para el enfoque republicano, como
es obvio, la compraventa del puesto en la cola está
prohibida.

Supongamos que en una sociedad imaginaria,
llamémosla *Queue*, existe la práctica de la cola tal
y como la conocemos. Supongamos también que
existen algunas discrepancias acerca de qué requiere
dicha práctica en algunos supuestos: por ejemplo
acerca de si puede o no venderse la posición en la
cola. Hay en *Queue* consciencia de que la práctica de
guardar cola tiene una función en dicha sociedad y
comienzan a surgir diversas concepciones sobre la
práctica. Las concepciones dan cuenta de los aspectos más sobresalientes de dicha práctica, aunque no
siempre acuerdan acerca del sentido de dicha práctica. En general la práctica es considerada valiosa.
Supongamos también que en *Queue* se establece la
lapidación como pena para diversos delitos y que se
reclutan voluntarios para practicarla. Cuando hay
más voluntarios de los necesarios se guarda la cola
para distribuir los puestos libres. Entonces, algunos
autores comienzan a reflexionar diciendo que como
la práctica de guardar cola sirve para un objetivo
indeseable, la lapidación, en estos casos no se trata
de colas *genuinas*. Otros insisten en que dado que la

práctica se realiza del mismo modo que la de guardar
la cola para comprar el pan, sí se trata de colas. Hay
que distinguir, dicen, entre lo que es guardar la cola
y cuándo debemos hacerlo.

En este contexto, algunos autores comienzan a
ser escépticos acerca de que nuestra comprensión
de las colas aumente por el hecho de establecer su
naturaleza, su función y su valor en *Queue*. Dicen que
estos debates están permeados de juicios de valor
subjetivos y que lo importante es disponer de un
modelo que nos permita capturar el funcionamiento adecuado de las colas, su estructura matemática,
para hacerlas más eficientes, reducir (o, al menos,
predecir) el tiempo de espera, etcétera. Esto es todo
lo que la teoría de las colas puede ofrecer[8]. De hecho,
sostienen, las colas constituyen en *Queue* un subsis-
tema social autónomo que puede ser comprendido
prescindiendo de su origen y de su función.

Es obvio que nuestra comprensión de las colas
aumenta considerablemente con dicha teoría y ahora
disponemos ya de especialistas en teoría de colas. Sin
embargo, ¿es esto todo lo que nuestra comprensión
de la práctica de guardar la cola requiere?

Yo creo que no y creo también, como a estas alturas
resultará obvio, que algo semejante ha ocurrido en
la modernidad con nuestras concepciones del derecho. No estoy ahora en condiciones de establecer ni

---

8   De hecho existe una desarrollada *teoría de colas* en matemáticas.
    Puede verse BOSE (2001).

siquiera un bosquejo de la historia de las ideas y de la evolución del derecho en los últimos siglos para mostrarlo. Pero todos podemos recordar cómo hasta el siglo XIX la teoría jurídica y la teoría política no se concebían una sin la otra y, por lo tanto, establecer la naturaleza del derecho se veía como una tarea conceptual con una dimensión normativa. Obviamente que en esta tarea conceptual hay discrepancias, algunos conciben el derecho como una técnica para guiar el comportamiento, otros como una disciplina de la coacción, otros como imbricada con la justificación de la coacción, como un modo de reducir los conflictos y evitar las situaciones de dilema del prisionero, como un modo de incrementar el bienestar de los seres humanos, como un modo de hacer compatibles la libertad y autonomía de todos los ciudadanos, etcétera. En el siglo XIX, sin embargo, en Gran Bretaña los padres del iuspositivismo inglés, Jeremy Bentham y John Austin, interesados en denunciar las arbitrariedades del propio sistema jurídico en el que vivían y en su reforma, establecieron una clara separación entre el derecho tal como es y el derecho tal como debe ser; precisamente para permitir que su utilitarismo reformador estableciera qué aspectos del derecho inglés debían ser profundamente reformados[9]. En Alemania, la otra gran tradición jurídica, se configura

---

9   Para BENTHAM puede verse HART (1982), POSTEMA (1986), MORESO (1992); para AUSTIN & MORISON (1982), RUMBLE (1985) y TURÉGANO (2001).

una, podemos decir, *autonomización* del derecho que va de la obra de la jurisprudencia de conceptos de Rudolph von Ihering hasta Hans Kelsen, pasando por la Escuela Alemana de Derecho Público (esto es, Gerber, Laband y Jellinek) y que tal vez tiene más que ver con una fuerte pulsión disciplinar y de prestigio de los juristas, al margen del resto de los científicos sociales. El derecho configura un ámbito autónomo de la realidad que debe ser comprendido con una metodología autónoma, la metodología interpretativa de la dogmática jurídica[10].

Hans Kelsen todavía no funda la pureza de su teoría jurídica en los postulados filosóficos del positivismo lógico sino en el neokantismo[11], pero su

---

10 Una buena presentación de esta evolución que conjetura un significado ideológico de carácter conservador a este proceso puede hallarse en WILHELM (1974). Curiosamente, DWORKIN (DWORKIN, 2006: 213) ha realizado una crítica semejante acerca de la presunta autonomía de la filosofía del derecho: "Según su entendimiento, la filosofía jurídica es distinta no sólo de la práctica real del derecho, sino también del estudio académico de los campos jurídicos sustantivos y procesales porque tanto la práctica como el estudio del derecho son acerca de la legislación de alguna jurisdicción particular, mientras la filosofía del derecho es acerca del derecho en general. Es también distinta e independiente de la filosofía política normativa porque es conceptual y descriptiva y no sustantiva y normativa. Es diferente de la sociología y la antropología jurídicas porque aquellas son disciplinas empíricas, mientras la filosofía jurídica es conceptual [...] La analogía con la teología escolástica es, de nuevo, tentadora".

11 Véase, por ejemplo, PAULSON (1992).

concepción acerca de los juicios de valor es ya la misma concepción escéptica, y por semejantes razones, de la del positivismo lógico[12]. Y fue Alf Ross el que escribió que apelar a la justicia es como dar un golpe sobre la mesa (Ross, 1958: 274). De hecho el realismo jurídico escandinavo se había originado en la obra de Axel Hägerström, que es justamente considerado uno de los predecesores del emotivismo ético[13]. Pero en cualquier caso, es obvio que la importancia del positivismo lógico había de notarse y largamente en la teoría jurídica.

De todos modos, lo que sí había quedado presente en toda la reflexión jurídica desde la Ilustración como un ideal, es el ideal de la certeza del derecho. El ideal con arreglo al cual sólo leyes claras y precisas pueden guiar el comportamiento humano y son respetuosas con la autonomía personal. Creo que este ideal es lo que en la reflexión jurídica puede considerarse paralelo al óptimo de Pareto en economía. Dado que los fines más robustos como el bienestar de los seres humanos, la libertad o la igualdad, son controvertidos y presuponen consideraciones evaluativas, quedémonos con este objetivo más frágil pero más firme. Ocurre aquí como con el óptimo de Pareto, existen maneras de hacer el derecho cierto pero profunda-

---

12 Pueden verse los trabajos de KELSEN en KELSEN (1957).

13 Véase HÄGERSTRÖM (1953). Esta obra, editada por KARL OLIVECRONA, fue traducida por C. D. Broad, uno de los filósofos que siguió el positivismo lógico.

mente insatisfactorio. En alguna otra ocasión me he referido (Moreso, 2004) a la idea conforme a la cual un derecho privado sin vicios del consentimiento sería mucho más cierto, pero también mucho más injusto. Si los contratos no fueran nulos por error o por intimidación sería más claro (como en la *stipulatio* del derecho romano arcaico) cuando hemos contraído una obligación contractual, ahora hay que determinar, por ejemplo, la naturaleza del error, su relación con mi declaración de voluntad, etcétera, y para hacerlo a menudo hay que realizar juicios de valor[14].

De hecho, incluso las posibilidades de alcanzar este ideal han sido puestas en duda. El *realismo jurídico americano* consideró que el derecho antes de su aplicación no estaba en condiciones de disciplinar el comportamiento de los aplicadores y que estos harían bien en tomar sus decisiones de acuerdo con las consecuencias que ellas producirían en el mecanismo social[15]. Algunas de estas ideas están presentes en la crítica ideológica a la concepción estándar del dercecho de los *Critical Legal Studies*[16] o al profundo escepticismo interpretativo de lo que puede denominarse como *realismo jurídico italiano*[17], conforme

---

14 Véase la misma idea aplicada a las causas de justificación en el derecho penal en MORESO (2001a) y esta idea general en MORESO (2005).

15 Puede verse, por ejemplo, TARELLO (1962) y SUMMERS (1982).

16 Véase ALTMAN (1980) y KELMAN (1987).

17 Véase su concepción de la interpretación jurídica en, por ejemplo, TARELLO (1980) y GUASTINI (1991, 1993, 1996, 1998).

al cual cualquier proposición referida al contenido del derecho supone un juicio de valor y, para esta concepción, carece de valor de verdad.

En cualquier caso, afincada en este ideal implícito, la teoría del derecho disfrutó en las últimas décadas del siglo XX de un impresionante desarrollo. Se elaboró una teoría de las normas más adecuada, teniendo muy presentes los desarrollos de la lógica deóntica[18]. Se estableció una mejor tipología del tipo de reglas jurídicas que integran los sistemas jurídicos, teniendo muy presente que no todas ellas establecen deberes[19]. Y, sobre todo, siguiendo ideas kelsenianas acerca de la estructura sistemática del derecho[20] se elaboraron nociones muy sofisticadas de sistema jurídico: de las relaciones estructuradoras entre las normas y de los cambios que por la creación y eliminación de normas se producen en ellos[21]. A ello hay

18 Que tenían sus orígenes en la analogía entre operadores modales y deónticos que se halla ya en LEIBNIZ (1671) y BENTHAM (1970), por ejemplo, y que en el siglo XX se origina en trabajos como von WRIGHT (1951) o KALINOWSKI (1953).

19 La obra de HART es elocuente en este sentido (HART, 1961). Las contribuciones de Searle fueron también claves para la consciencia de la presencia de reglas constitutivas en el derecho (véase SEARLE, 1969 y 1995). En España puede verse por ejemplo ATIENZA-RUIZ MANERO (1996) y HERNÁNDEZ MARÍN (1998).

20 En KELSEN (1960). Véase también BOBBIO (1960).

21 Véase, sobre todo, RAZ (1970), ALCHOURRÓN & BULYGIN (1971). En la literatura iusfilosófica en castellano (aparte de la traducción de ALCHOURRÓN & BULYGIN, 1971), por ejemplo,

que añadir, sin duda, los numerosos estudios sobre interpretación y argumentación jurídica aparecidos en las últimas décadas[22]. El desarrollo formal y la recepción de determinados avances en las diversas ramas de la filosofía han posibilitado disponer de una teoría jurídica mucho más articulada[23]. Como Sen nos recordaba en el caso de la teoría económica, también aquí es cierto que la filosofía moral y la filosofía política se beneficiarían de algunos de los desarrollos de la teoría jurídica.

En paralelo a este desarrollo, determinada literatura mostraba de diversos modos la preocupación de que la teoría jurídica diera cuenta de la dimensión *normativa* del derecho, de su capacidad para suministrarnos razones para la acción[24]. Por otro lado, el impresionante desarrollo, desde la teoría de la justicia de Rawls (1971), de la filosofía moral y la filosofía política hacían más difícil una teoría jurídica

---

CARACCIOLO (1988), ALCHOURRÓN & BULYGIN (1991), MORESO & NAVARRO (1993) y RODRÍGUEZ (2002).

22 Sobre interpretación la literatura es inmensa pero, aparte de GUASTINI (1993, 1996), podemos citar MARMOR (1992). Sobre argumentación jurídica, por ejemplo, ALEXY (1978), MACCORMICK (1978) y ATIENZA (2006).

23 Un artículo de NORBERTO BOBBIO (1950), lúcidamente exponía un programa de investigación para la teoría del derecho que contenía todas estas cuestiones a la luz de los postulados del positivismo lógico.

24 En la literatura en castellano contamos con dos obras capitales al respecto, ambas en los años noventa: BAYÓN (1992) y REDONDO (1996).

que prescindiera absolutamente de consideraciones evaluativas, como la teoría de Ronald Dworkin y el debate que originó ponen de manifiesto (1977, 1986, 2006).

4. LAS TESIS DE LA NEUTRALIDAD VALORATIVA

En el debate actual en la teoría jurídica hay al menos dos tesis, independientes entre sí, que se relacionan con la neutralidad valorativa y que según creo merece la pena distinguir. Según la primera de ellas, el análisis del concepto de derecho, la determinación de cuál sea la naturaleza del derecho puede ser llevada a cabo sin recurrir a consideraciones valorativas. La teoría del derecho debe reconstruir los rasgos más sobresalientes de esa práctica que llamamos derecho y este análisis conceptual comporta únicamente una tarea descriptiva. Podemos enunciarla así:

[TNV 1]: La explicación conceptual de la naturaleza del derecho es una tarea descriptiva y para llevarla a cabo no hace falta recurrir a consideraciones valorativas.

La segunda tesis de la neutralidad valorativa establece que el contenido del derecho, aquello que el derecho requiere, ha de ser establecido sin recurrir a consideraciones valorativas. Puede ser formulada del siguiente modo:

[TNV 2] La determinación del contenido del derecho, de aquello que el derecho requiere, depende únicamente

de determinados hechos sociales, que pueden des-
cribirse sin recurrir a consideraciones valorativas.

Quiero insistir en que estas dos tesis son independientes entre sí. Es cierto que ambas tesis han sido
asociadas al positivismo jurídico y algunos de los
autores positivistas han vindicado ambas. Seguramente ambas tesis son atribuibles al ideal de pureza
kelseniano. Seguramente también son atribuibles a
la caracterización de Bobbio del positivismo jurídico
como *approach* (Bobbio, 1965: 41)[25]:

> En el primer aspecto –esto es, como modo de acercar-
> se al estudio del derecho– el positivismo jurídico está
> caracterizado por una clara distinción entre derecho
> real y derecho ideal, utilizando otras expresiones
> equivalentes, entre derecho como hecho y derecho
> como valor, entre el derecho que es y el derecho que
> debe ser; y por la convicción de que el derecho del cual
> debe ocuparse el jurista es el primero y no el segundo.

---

25 BOBBIO también había escrito –en consonancia con las tesis del
positivismo lógico– (BOBBIO, 1961: 134): "Para el positivista la
ciencia excluye de su propio ámbito los juicios de valor porque
quiere ser un conocimiento puramente *objetivo* de la realidad,
mientras los juicios en cuestión son siempre *subjetivos* (o per-
sonales), y por ello contrarios a la exigencia de objetividad".
Vale tal vez la pena recordar aquí que los escépticos acerca del
derecho (*los realistas jurídicos*), aceptarían la primera tesis pero
rechazarían la segunda, puesto que el contenido del derecho
es siempre determinado mediante operaciones interpretati-
vas que presuponen juicios de valor subjetivos y que no son
racionalmente controlables.

Pero también es cierto que en el debate contemporáneo, por ejemplo, mientras Hart sostiene la primera tesis y rechaza la segunda, Raz rechaza la primera y sostiene la segunda.

Esta es la posición de H. L. A. Hart respecto de la primera tesis (1994: 240):

> Mi enfoque es *descriptivo* en el sentido de que es moralmente neutral y no tiene pretensiones justificativas: no trata de justificar o recomendar con arreglo a fundamentos morales o de otro tipo las formas y estructuras que aparecen en mi enfoque general del derecho, aunque una clara comprensión de estos es, creo, un preliminar importante para una útil crítica moral del derecho.

Es decir, Hart sostiene la primera tesis [TNV 1]. Y Hart rechaza la segunda (1994: 250):

> [...] la regla de reconocimiento puede incorporar como criterios de validez jurídica la conformidad con principios morales o valores sustantivos; es decir, mi doctrina es lo que ha sido denominado 'soft-postivism' y no como aparece en la versión de Dworkin de ella 'plain-fact positivism'.

En cambio, Joseph Raz rechaza la primera tesis (2001: 21)[26]:

---

26 Véase también para las razones del rechazo de la primera tesis FINNIS (1980: cap. 1), RAZ (1994: caps. 9 y 10), PERRY (1995: cap. 3)

Al fin y al cabo la propia comprensión de Hart de su teoría, este es el fin de la cuestión, rechaza que la explicación de la naturaleza del derecho sea evaluativa. Para él, se trataba de una tarea 'descriptiva'. Por razones explicadas por John Finnis y otros, creo que Hart está aquí en un error, y Dworkin está en lo cierto cuando sostiene que la explicación de la naturaleza del derecho involucra consideraciones evaluativas.

No obstante, Raz acepta la segunda tesis [TNV 2] y se convierte en su principal valedor (1979: 39-40):

> Una teoría del derecho es aceptable sólo si sus criterios para identificar el contenido del derecho y determinar su existencia dependen exclusivamente de hechos relativos a la conducta humana capaces de ser descritos en términos valorativamente neutrales y aplicados sin recurrir a la argumentación moral.

Creo que es importante distinguir ambas tesis y, en consecuencia, analizarlas por separado. Trataré, a continuación, de mostrar las razones por las que me parece plausible, no obstante, argumentar en contra de ambas.

Por lo que respecta a la primera de ellas, [TNV 1], comencemos por la siguiente afirmación de Andrei Marmor (2007):

---

y Perry (2001: cap. 9), Moore (1998), Waldron (2001: cap. 12), Greenberg (2004) y Dworkin (2006: cap. 6).

Las teorías del derecho contemporáneas definen dos principales cuestiones acerca de la naturaleza del derecho. En primer lugar, necesitamos comprender las condiciones generales que harían jurídicamente válida determinada norma. ¿Son únicamente, por ejemplo, referidas a la fuente de la norma, tal como la promulgación por determinada institución política, o también guardan relación con su contenido? Se trata de una cuestión general acerca de las condiciones de validez jurídica. En segundo lugar, hay la cuestión de la dimensión normativa del derecho. Esta cuestión filosófica tiene dos dimensiones; un enfoque filosófico completo de la normatividad del derecho comprende a la vez una tarea explicativa y una tarea normativa y justificativa. La tarea explicativa consiste en un intento de explicar cómo las normas jurídicas dan lugar a razones para la acción y qué tipo de razones están involucradas. La tarea de justificación concierne a la elucidación de las razones que las personas *deben* tener para reconocer la dimensión normativa del derecho. Una teoría acerca de la naturaleza del derecho, como opuesta a las teorías críticas del derecho, se concentra en la primera de las dos cuestiones. Intenta explicar en qué consiste la normatividad del derecho. Algunos iusfilósofos contemporáneos, sin embargo, dudan de que estos dos aspectos de la normatividad del derecho puedan separarse.

Aunque este no es el caso de Marmor, podemos ver con sus propias palabras el nervio de la argumentación de aquellos que consideran que ambas tareas no pueden ser separadas (Marmor, 2006: 688):

> Hablando en general, no puede comprenderse una práctica social sin conocer para qué es, cuál es su función. Sin una comprensión de las funciones esenciales, o *rationale*, de la práctica social o institución sería vano intentar una comprensión teórica de ella. Ahora bien, no es difícil darse cuenta que el derecho tiene funciones morales y políticas en nuestra sociedad. Lo tenemos para resolver, entre otras cosas, problemas morales y políticos. Por lo tanto, sería fútil, si no carente de sentido, tratar de elucidar la naturaleza del derecho en términos que no usen conceptos morales y no comporten una comprensión del tipo de problemas morales y políticos que el derecho ha de resolver.

Esta afirmación debería bastar para comprender que la teoría jurídica debe embarcarse en algún tipo de elucidación normativa. La teoría y la filosofía jurídicas ocupan un lugar de engarce entre la filosofía social y la filosofía moral y política. A pesar de ello, Marmor (y Hart), por ejemplo, insisten en que no es así. Tratar de mostrar adecuadamente las razones por las cuales la tarea de la teoría jurídica tiene una dimensión evaluativa nos llevaría a analizar con detenimiento la vieja idea weberiana según la cual al construir determinados *tipos ideales* en ciencias sociales, en la tarea de la construcción conceptos, es inevitable una instancia valorativa, compatible con el ideal weberiano de una ciencia *wertfrei* (Weber, 1967).

Ciertamente, parece que privilegiar alguna de las funciones que el derecho tiene en la sociedad requiere algún tipo de tarea normativa. Veámoslo sólo con un ejemplo. Cuando Hart replica a Dworkin en el *Postscript*, tratando de vindicar su concepción descriptiva de la naturaleza del derecho afirma lo siguiente (Hart, 1994: 248-249)[27]:

Mientras la teoría interpretativa del derecho de Dworkin descansa en el presupuesto de que el sentido o el propósito del derecho y de la práctica jurídica es justificar la coerción, ciertamente no mantengo ni nunca he mantenido el punto de vista con arreglo al cual el derecho tiene este sentido o propósito. Como otras formas de positivismo mi teoría no pretende identificar el sentido o el propósito del derecho y de las prácticas jurídicas como tales; de modo que no hay nada en mi teoría a favor del punto de vista de Dworkin, que ciertamente no comparto, de que el propósito del derecho es justificar el uso de la coerción. De hecho, considero bastante vano tratar de delimitar para el derecho un propósito específico más allá de señalar que suministra guías para el comportamiento humano y estándares de crítica de tal comportamiento.

Dejando aparte ahora el debate sustantivo entre el sentido del derecho entre Hart y Dworkin, lo que me parece claro es que Hart no puede excluir una

---

27 Véase también esta forma de argumentar en PERRY (2001).

concepción del derecho como la de Dworkin sin apelar a algunos elementos evaluativos que privilegien su idea de que la naturaleza del derecho guarda una relación esencial con la dirección y evaluación del comportamiento humano y no con otras funciones que el derecho también realiza (véase, en el mismo sentido, Perry, 1995).

Debe quedar claro, con todo, que esta tarea evaluativa es de naturaleza muy abstracta y no autoriza la introducción de juicios de valor particulares por parte del teórico. En este sentido, la idea de Dworkin de que la teoría del derecho es la parte silenciosa de la aplicación del derecho (Dworkin, 1986: 90) es cuestionable. Sería como sostener que la ética general es sólo la parte silenciosa de la ética médica, que tal vez no coincida con la parte silenciosa de la ética de los negocios. En sentido contrario, me parece que el razonamiento sobre la ética general tiene perfecto sentido autónomamente[28].

Debe quedar claro, también, que aquí no he tratado de argumentar contra la posición más extrema según la cual la elucidación de la naturaleza del derecho no puede tener una dimensión evaluativa, porque los argumentos evaluativos no están sujetos a control racional y deben quedar apartados de la reflexión científica y de la reflexión filosófica. Esta

---

28 Para una crítica a DWORKIN semejante, tratando de mostrar que la naturaleza del derecho es independiente de lo que sobre este punto elaboren los jueces, véase RAZ (2007).

no es la posición de la mayor parte de los autores presentes en el debate contemporáneo, aunque algo de ello podía haber en el trasfondo de las razones de Hart para vindicar su enfoque descriptivo. En este sentido Raz ha escrito (2001: 5):

> El problema que Hart debía resolver era el problema de las relaciones entre derecho y moral a la vista de dos creencias filosóficas: en primer lugar, sus dudas acerca de la objetividad de la ética y de todos los juicios de valor, y en segundo lugar, su creencia en la objetividad del derecho.

Vayamos ahora a la segunda tesis. Esta es la tesis que divide, en el debate contemporáneo, a los defensores del positivismo jurídico inclusivo y exclusivo. Mientras los segundos la abrazan, los primeros la rechazan. Como es sabido, la defensa de la tesis [TNV 2] por parte de Raz es una de las consecuencias de su teoría de la autoridad (1986: caps. 2 y 3; 1994: cap. 9). Dicho ahora de manera muy simplificada, la teoría de Raz sostiene que el derecho es una institución que pretende *autoridad*, esto es que pretende ofrecer razones para la conducta de los sujetos normativos. Obviamente que dicha pretensión de autoridad puede fracasar, esto es, es posible que las directivas de la autoridad no reflejen las razones genuinas que los sujetos normativos tienen para comportarse de determinado modo. Sin embargo, según la teoría de la autoridad de Raz, las directivas dotadas de autoridad deben reemplazar las razones que los sujetos tienen para comportarse de determinado modo, es decir, los sujetos normativos han de poder identificar el contenido de las razones de las autoridades sin recurrir a sus propios juicios de valor. Por lo tanto, si el derecho conceptualmente es una institución que posee el rasgo de la pretensión de autoridad, entonces su contenido ha de poder identificarse sin recurrir a argumentos valorativos. ¿Significa esto que, según Raz, los jueces nunca deben apelar a la moralidad para decidir los casos? Pues no, según Raz, es el mismo derecho identificado sin recurrir a valoraciones el que autoriza a los jueces a aplicar consideraciones extrajurídicas: "bastante habitualmente los jueces tienen discreción para modificar las reglas, o para introducir excepciones en su aplicación, y cuando disponen de tal discreción deben recurrir al razonamiento moral para decidir si usarlo y cómo" (Raz, 1994: 319). Según Raz, por lo tanto, el derecho es identificado siempre sin recurrir a valoraciones, pero los jueces tienen discreción para modificarlo, de acuerdo con pautas morales, cuando deciden los casos. Por esta razón, Raz divide el razonamiento jurídico en razonamiento acerca del derecho (*reasoning about the law*) y razonamiento con arreglo al derecho (*reasoning according to law*): "El primero es gobernado por la tesis de las fuentes, el segundo considero que es ya razonamiento moral propio" (Raz, 1994: 316-317)[29].

---

29 Véase una nueva defensa de esta posición en RAZ (2004).

Considero, no obstante, que como Dworkin ha
sostenido en diversas ocasiones (1986: 429-430, nota
3; y también 2006: caps. 7 y 8):

> Raz considera que el derecho no puede estar dotado
> de autoridad excepto si quienes lo aceptan nunca usan
> sus propias convicciones para decidir lo que requiere,
> incluso de un modo parcial. Pero, ¿por qué debe el
> derecho ser una autoridad ciega más que dotada de
> autoridad de una manera menos estricta como otras
> concepciones asumen?

Como Dworkin de nuevo sostiene (2006: 198-211), son
necesarios muchos arreglos *ptolemaicos* para aceptar
una teoría jurídica compatible con la teoría de la autoridad de Raz. Hay que suponer, por ejemplo, que
siempre que el derecho usa conceptos morales no
está incorporando la moralidad, sino sólo apelando
a la discreción judicial[30].

Si rechazamos los argumentos de Raz y tampoco
somos escépticos acerca de la posibilidad de la argumentación racional en materia moral, entonces es
plausible sostener que las condiciones de verdad de
determinadas proposiciones acerca de lo que el derecho requiere precisan recurrir a argumentos morales,
al menos cuando las pautas jurídicas remiten a ellos.

---

30 Me he ocupado de ello en otros lugares, en donde he argumentado a favor de una forma de positivismo jurídico inclusivo.
   Véase MORESO (2002, 2004).

El positivismo jurídico inclusivo[31] sostiene también que es conceptualmente posible un sistema jurídico que nunca remita a la moralidad y, por lo tanto, defiende la tesis de la separación conceptual entre el derecho y la moral por esta razón. A Dworkin (2006: 188-198) esto le parece una promesa *pickwickeana*, y arguye tratando de mostrar que se trata de un intento de defender tesis antipositivistas con un lenguaje positivista. Pero no voy a tratar de analizar aquí los argumentos de Dworkin. Quiero, no obstante, poner de manifiesto que en un punto los argumentos de Dworkin para defender su noción interpretativa de derecho no me parecen convincentes (2006: caps. 1 y 8). Dworkin distingue cuatro conceptos de derecho, dos descriptivos que denomina *sociológico y taxonómico* y dos normativos, *doctrinal y aspiracional*[32]. El concepto doctrinal es el que tiene primacía en su teoría, pues es el que establece las condiciones de verdad de las proposiciones jurídicas, las proposiciones acerca del contenido del derecho. Me parece que una elucidación de la naturaleza del derecho debe servir tanto para establecer las bases de aquello que el derecho requiere, de la identificación del contenido del derecho, cuanto para distinguir el derecho de otros órdenes normativos o establecer cuándo

---

31 Véase Waluchow (1994), Coleman (2001), Moreso (2002) e Himma (2002).

32 Hasta donde yo sé, el primer autor que sostuvo la coexistencia de conceptos descriptivos y normativos de derecho fue Carlos Nino, por ejemplo en Nino (1994).

en determinada sociedad podemos decir que hay un sistema jurídico. La pluralidad de conceptos de derecho me parece tan extraña como, para volver a la alegoría inicial, la de alguien que sostuviera que hay un concepto de cola que sirve para distinguirla de las aglomeraciones y otro, por ejemplo, que sirve para establecer los deberes y derechos de los integrantes de la cola. Una y la misma noción de cola debe servir para las dos cosas, me parece. Tal vez la insistencia de Dworkin en dar cuenta de las discrepancias tan presentes acerca de la naturaleza y el contenido del derecho, le ha hecho ignorar que el derecho es una práctica con una razonable estabilidad, que consigue coordinar los comportamientos, prever y resolver los conflictos con un grado aceptable de éxito.

Una de las críticas más fundamentales de Dworkin al positivismo jurídico reside precisamente en que dicha doctrina deja por explicar las discrepancias que se producen entre los juristas (Dworkin, 2006: 233)[33]:

> […] los juristas discrepan a menudo acerca de lo que el derecho es en alguna materia, aunque están de acuerdo acerca de todos los hechos históricos que los positivistas citan y que, según su punto de vista, agotan las condiciones de verdad de las proposiciones jurídicas (*propositions of law*).

---

33 Para una caracterización general de las discrepancias en el derecho y su importancia teórica véase BESSON (2005).

Es más, arguyendo contra la defensa de Jules Coleman (2001) del positivismo inclusivo, Dworkin sostiene que el argumento de Coleman presupone que los jueces en los Estados Unidos están de acuerdo en que la validez de algunas de las leyes depende de su corrección moral, dado que así lo exigen las disposiciones constitucionales, pero añade (Dworkin, 2006: 194):

> […] esto ciertamente no es verdad. Por el contrario, la proposición que la cláusula de la igual protección hace el derecho dependiente de la moralidad es también profundamente controvertida. Muchos juristas, incluidos algunos de los jueces del Tribunal Supremo, insisten en que es verdadera, mientras otros, incluidos otros jueces del Tribunal Supremo, la rechazan duramente. Muchos de ellos insisten en que la cláusula hace que la ley dependa de hechos históricos acerca de lo que los *framers* consideraban injusto, o de lo que los americanos en general juzgan injusto, o algo similar.

Me parece que se trata de un argumento convincente. Si la existencia del derecho es un fenómeno convencional (como quiere el positivismo hartiano), entonces deberán existir convenciones ampliamente compartidas que permitan la identificación del derecho. Sin embargo, estas convenciones parecen ser desafiadas por las diversas concepciones de lo que el derecho requiere en una sociedad.

Ahora bien, la concepción del derecho de Dworkin, en competencia con las demás, proyecta una imagen de la práctica jurídica que la asemeja demasiado a los debates académicos acerca de la democracia, la igualdad u otros valores políticos. Si nuestras discrepancias son tan amplias, es legítimo preguntarnos cómo es posible que el derecho rija nuestra conducta de un modo razonable. Ha de haber algunos elementos del derecho que expliquen esta estabilidad. La propia teoría de Hart al concebir el derecho como la unión de reglas primarias y secundarias tal vez nos puede ofrecer una pista de la línea a seguir.

No me parece razonable considerar que todo lo que el derecho requiere es controvertido y depende de consideraciones valorativas. Algunos aspectos de la práctica han de estar protegidos de esta controversia. En mi opinión –y expuesto de modo muy tentativo– al menos el contenido de las reglas jurídicas de las siguientes clases ha de poder identificarse sin controversia ni recurso a valoraciones[34]:

a) Las resoluciones judiciales y administrativas que establecen las decisiones individuales.

b) Las reglas que establecen qué decisiones judiciales son definitivas y los procedimientos para hacerlas cumplir por el resto de órganos judiciales y administrativos.

---

34 Obviamente que así se concede una parte de la razón a los positivistas exclusivos que sostienen que la existencia y el contenido del derecho se determina sin recurrir a la moralidad. Véase, recientemente, RAZ (2004).

Los dos puntos merecen algún comentario. Las decisiones individuales que ponen fin a las controversias han de atribuir derechos y deberes de un modo claro. Una sentencia penal debe condenar a x por haber cometido el delito d, no puede condenar a x bajo la condición de que no estuviera amparado por una causa de justificación (lo que seguiría siendo controvertible).

Respecto del último punto es importante notar que, por ejemplo, aunque la reciente sentencia del Tribunal Constitucional de 15 de febrero de 2007 sobre la constitucionalidad de determinados artículos de los Acuerdos entre España y la Santa Sede es muy controvertida, y destacados juristas opinan que no es acorde con la Constitución, nadie pone en duda que –dado que la decisión es, según el derecho español, definitiva– el Tribunal Superior de Canarias que planteó la cuestión de inconstitucionalidad debe resolver el caso considerando los artículos de los Acuerdos como constitucionales.

Ello no ha de llevarnos, en mi opinión, a creer, como se ha sugerido recientemente[35], que la regla de reconocimiento ha de establecer que es derecho aquello que establece el Tribunal Constitucional. Es posible sostener que una determinada norma es contraria a la Constitución y, sin embargo, que los jueces ordinarios tienen el deber de aplicarla en virtud de

---

35 Véase HIMMA (2003, 2005).

la estructura jerárquica del sistema jurídico[36]. Es más, esta es al parecer la propia autocomprensión que los Tribunales superiores tienen de su función.

En mi opinión, sobre la posibilidad de identificar convencionalmente estas reglas a través de la regla de reconocimiento, reglas que también son secundarias y que sólo precisan la aceptación de los "officials" en la terminología hartiana, es posible anclar la estabilidad de nuestros sistemas jurídicos.[37] De este modo, se atenúa el efecto que una discrepancia profunda sobre el contenido de determinadas reglas pueda tener. Es posible, entonces, no estar de acuerdo sobre si la Constitución autoriza la despenalización del aborto, o la eutanasia, o sobre los límites de la libertad religiosa, porque en los conflictos concretos todos aceptamos las reglas que confieren competencia a algunos órganos para dictar resoluciones definitivas.

Queda por explicar cómo han de entenderse las discrepancias acerca de lo que el derecho requiere. Parece que el positivismo jurídico recomendaría una comprensión de las discrepancias jurídicas, como por ejemplo entre:

---

36 No hace falta para ello, en mi opinión, suponer que los jueces tienen el poder jurídico de dictar sentencias contrarias a la Constitución, aunque tienen prohibido hacerlo. Aunque esta es precisamente la posición de KRAMER (2005). Y esta es la posición de MANUEL ATIENZA y JUAN RUIZ MANERO, en ATIENZA & RUIZ MANERO (1996: 94-95). Véase también mi discusión crítica de este punto de su teoría en MORESO (2001b: 168-169).

37 Tal vez una idea semejante sea la sugerida por KUTZ (2001) y SÁNCHEZ BRÍGIDO (2007).

[1a] La Constitución española prohíbe el matrimonio entre personas del mismo sexo.

y

[1b] La Constitución española no prohíbe el matrimonio entre personas del mismo sexo.

Semejante a la que apreciamos entre:

[2a] Los caracoles están sabrosos

y

[2b] Los caracoles no están sabrosos.

O bien entre:

[3a] Andreu Buenafuente es divertido

y

[3b] Andreu Buenafuente no es divertido.

El problema con estas afirmaciones es que nos aparecen como realmente discrepancias (y podemos discutir acerca de su verdad o falsedad), pero a la vez parece que no hay ningún tipo de defecto cognitivo en quien las pronuncia, llamémoslas *discrepancias no defectuosas*[38]. Que no hay ningún tipo de

---

38 Véase KÖLBEL (2003). La discusión contemporánea sobre el

defecto cognitivo puede comprenderse como que las circunstancias de percepción y juicio de los que pronuncian estas oraciones en una conversación no están alteradas. Pongamos un ejemplo: si enviamos por fax a dos números distintos un texto y la máquina de origen funciona adecuadamente y la de destino también, llegará el mismo texto a ambos números; dicho de otro modo, si las máquinas funcionan correctamente y no llega el mismo texto es que no se envió el mismo texto. Este es el modo en que, creo, el positivismo jurídico contempla las discrepancias jurídicas: aparentemente hay un desacuerdo, pero no hay ningún defecto epistémico entre los que discrepan. Es por esta razón que, en dichos casos, el positivismo jurídico habitualmente sostiene que los jueces tienen discreción para tomar la decisión. Veamos la siguiente frase de K. Greenawalt (1975: 386):

> La discreción existe mientras no exista ningún procedimiento práctico para determinar si el resultado es correcto, los juristas bien informados discrepen acerca de cuál es el resultado adecuado y la decisión de un juez, cualquiera que sea, no será considerada por la mayoría como un incumplimiento de sus responsabilidades judiciales.

---

discurso de lo que es divertido y, en general, sobre las condiciones de verdad en ámbitos como estos debe mucho al excelente libro de CRISPIN WRIGHT (1992). La forma en que presento la cuestión sigue a DAN LÓPEZ DE SA (2007a, 2007b). El ejemplo preferido de LÓPEZ DE SA es "Homer Simpson is funny".

La explicación de la apariencia de discrepancia puede proceder del hecho de que este tipo de oraciones activan determinados *presupuestos comunes* entre los que participan en el debate. Si los que discrepamos acerca del sabor de los caracoles somos mi amigo Jaume y yo, que somos razonablemente similares en lo que al gusto por los caracoles se refiere, entonces tal vez el debate puede proseguir: no son sabrosos por culpa de la salsa que los acompaña, por ejemplo. Si la discrepancia es con mi hija Júlia, que odia los caracoles, podemos decir que el presupuesto de una base común fracasa y, entonces, en realidad no hay contradicción, como no la hay entre mi afirmación "estoy cansado" y la tuya "no estoy cansado", afirmaciones incompletas, indexicales[39].

Las discrepancias jurídicas activan también el presupuesto de que nos referimos a algunos fundamentos comunes. Este presupuesto tiene la peculiaridad de que contiene, inevitablemente, fundamentos normativos. Para determinar si la constitución española prohíbe o no los matrimonios entre personas del mismo sexo es necesario referirse a la interpretación de la declaración de derechos contenida en dicha constitución. No se me alcanza cómo puede esto ser llevado a cabo sin una tarea que forma parte de la filosofía práctica. Comprender aquello que la constitución española requiere, conlleva comprender

---

39 El ejemplo procede de CRISPIN WRIGHT (2001).

aquello que la constitución española presupone[40]. No se puede participar en debates como este sin asumir determinadas premisas normativas. Es más, no se puede otorgar sentido a las prácticas jurídicas, seleccionar aquello que es relevante de aquello que no lo es, sin embarcarse en una actividad que contemple la dimensión normativa del derecho.

5. CONCLUSIONES

Las conclusiones, entonces, son que para determinar la naturaleza del derecho y para determinar su contenido es preciso, a menudo, recurrir a consideraciones valorativas. No debería resultar especialmente controvertible, si no fuese porque la idea de que los juicios de valor no están sujetos a control racional está tan ampliamente difundida, que la explicación de determinadas prácticas humanas requieren una elucidación de su sentido que no puede llevarse a cabo sin embarcarse en un debate evaluativo. La comprensión de muchas de nuestras prácticas humanas, institucionales y no institucionales, como la democracia o la amistad, apelan a este debate. No podemos comprender cuál sea la naturaleza de la democracia o la naturaleza de la amistad sin analizar cuándo y de qué modo estas prácticas introducen razones para actuar, sin comprender su dimensión normativa.

---

40 Véase un perspicuo desarrollo de esta idea en CELANO (2002).

Esto no significa que calificar a un sistema político de democracia o a una relación personal de amistad implique necesariamente que debamos comportarnos conforme a lo que dichas prácticas establecen o sugieren. Hay formas tan degeneradas de democracia y de amistad que no requieren nuestro respeto ni aquiescencia, del mismo modo hay formas tan degeneradas de derecho que no requieren nuestra aceptación ni cumplimiento. Pero, una cabal comprensión del derecho como institución requiere una elucidación de su sentido, una tarea que tiene una dimensión normativa. Analizar cómo se entrelazan los diversos valores y cómo una práctica humana les da instancia, es una tarea, creo, inseparable de la explicación de la naturaleza de dicha práctica.

Esto no significa que los juicios de valor no filtrados del teórico del derecho puedan introducirse en su análisis del sistema jurídico[41]. Es obvio que el derecho tal y como es puede ser muy distinto, en algunos aspectos particulares, del derecho ideal. Pero no es este el tema que estamos debatiendo y el mismo Dworkin reconoce sin problema alguno este punto (Dworkin, 1996: 36):

> Yo no leo la Constitución como si contuviera todos los principios importantes del liberalismo político. En otros escritos, por ejemplo, he defendido una

---

41 Véase una posición también moderada acerca de la presencia de juicios de valor en la teoría económica en MONGUIN (2006).

teoría de la justicia económica que requeriría una redistribución substancial de la riqueza en las sociedades políticas opulentas. Algunas constituciones nacionales intentan establecer un grado de igualdad económica como un derecho constitucional, y algunos juristas americanos han argumentado que nuestra Constitución puede ser comprendida como estableciéndolo. Pero yo no pienso de este modo, por el contrario, he insistido en que la integridad detendría cualquier intento de argumentar desde las cláusulas morales abstractas de la declaración de derechos, o desde cualquier otra parte de la constitución, hasta tal resultado.

Hay un aspecto que creo es rescatable de esta posición y de la idea del positivismo jurídico como *approach*, que distingue el derecho como es del derecho como debe ser. Si bien ya he dicho que el derecho como es no puede ser comprendido sin una adecuada comprensión del derecho como debe ser, hay un punto de esta posición que merece la pena destacar. Tomando una expresión de P. Menzies y P. Pettit (Menzies & Pettit, 1993: 107), podemos decir que dicha actitud aconseja la *servidumbre epistémica* (*epistemic servility*), la sujeción a la regla epistémica de una realidad independiente. En este sentido, aquello que el derecho español, por ejemplo, requiere, es independiente del teórico del derecho y del dogmático. Esta actitud epistémica puede también alejarnos de algo que, razonablemente, temen algunos autores como

L. Prieto o P. Comanducci[42], es decir, la sacralización de los valores que subyacen al constitucionalismo y, por ende, la sacralización del derecho de nuestras sociedades, al identificarlo con nuestras teorías morales y políticas. Si, sin embargo, hacemos teoría del derecho con servidumbre epistémica, podremos distinguir lo que el derecho requiere de lo que debería requerir y, de este modo, conservaremos intacta la capacidad de censurarlo.

REFERENCIAS

ALCHOURRÓN, C. E. & BULYGIN, E. (1971). *Normative Systems*. Wien/New York: Springer.

ALCHOURRÓN, C. E. & BULYGIN, E. (1991). *Análisis lógico y Derecho*. Madrid: Centro de Estudios Constitucionales.

ALEXY, R. (1978). *Theorie der juristischen Argumentation*. Frankfurt am Main: Suhrkamp.

ALTMAN, A. (1990). *Critical Legal Studies. A Liberal Critique*. Princeton, NJ: Princeton University Press.

ATIENZA, M. (2006). *El derecho como argumentación*. Barcelona: Ariel.

ATIENZA, M. & RUIZ MANERO, J. (1996). *Las piezas del derecho*. Barcelona: Ariel.

---

42 Véase PRIETO SANCHÍS (1997) y COMANDUCCI (2002).

AUSTIN, J. (1832). *The Province of Jurisprudence Determined*, W. RUMBLE (Ed.). Cambridge: Cambridge University Press, 1995.

ARROW, K. J. (1951). *Social Choice and Individual Values*. New York: Wiley.

AYER, A. J. (1936). *Language, Truth and Logic*. Harmondsworth, Middlesex: Penguin Books, 1971.

BAYÓN, J. C. (1992). *La normatividad del derecho*. Madrid: Centro de Estudios Constitucionales.

BENTHAM, J. (1970). *Of Laws in General*, H. L. A. HART (Ed.). London: The Athlone Press.

BESSON, S. (2005). *The Morality of Conflict. Reasonable Disagreement and the Law*. Oxford: Hart Publishing.

BOBBIO, N. (1950). "Scienza del diritto e analisi del linguaggio". *Rivista trimestrale di diritto e procedura civile*, 6, 342-367.

BOBBIO, N. (1960). *Teoria dell'ordenamiento giuridico*. Torino: Giappichelli.

BOBBIO, N. (1961). *Il positivismo giuridico*. Torino: Giappichelli, 1996.

BOBBIO, N. (1965). *El problema del positivismo jurídico*, trad. de E. Garzón Valdés. México: Fontamara, 1991.

BOSE, S. K. (2001). *An Introduction to Queueing Systems*. Dordrecht: Kluwer Academic/Plenum Publishers.

CARACCIOLO, R. (1988). *Sistema jurídico. Problemas actuales*. Madrid: Centro de Estudios Constitucionales.

CELANO, B. (2002). Bruno Celano, "Come deve essere la discipline costituzionale dei diritti?". En S. POZZOLO (Ed.), *La legge e i diritti* (pp. 89-123). Torino: Giappichelli.

COLEMAN, J. (2001). *The Practice of Principle*. Oxford: Oxford University Press.

COLEMAN, J. (Ed.) (2001). *Hart's Postscript*. Oxford: Oxford University Press.

COMANDUCCI, P. (2002). "Formas de (neo)constitucionalismo: un análisis metateórico", *Isonomía*, 16, 89-112.

DWORKIN, R. (1977). *Taking Rights Seriously*. London: Duckworth.

DWORKIN, R. (1986). *Law's Empire*. Cambridge, MA: Harvard University Press.

DWORKIN, R. (1996). "Introduction: The Moral Reading and the Majoritarian Premise". En R. DWORKIN, *Freedom's Law* (pp. 1-38). Cambridge, MA: Harvard University Press.

DWORKIN, R. (2006). *Justice in Robes*. Cambridge, MA: Harvard University Press.

FERRER BELTRÁN, J. (2005). *Prueba y verdad en el derecho* (segunda edición). Madrid: MarcialPons.

FINNIS, J. (1980). *Natural Law and Natural Rights*. Oxford: Oxford University Press.

GARGARELLA, R. & MORESO, J.J. (2006). "Prólogo". En J. L. MARTÍ MÁRMOL, *La república deliberativa*. Madrid: Marcial Pons.

GREENBERG, M. (2004). "How Facts Make Law", *Legal Theory*, 10, 157-198.

GREENAWALT, K. (1975). "Discretion and Judicial Decision: The Elusive Quest for the Fetters that Bind Judges". *Columbia Law Review*, 75, 359-398.

GUASTINI, R. (1991). *Dalle fonti alle norme*. Torino: Giappichelli.

GUASTINI, R. (1993). *Le fonti del diritto e l'interpretazione*. Milano: Giuffrè.

GUASTINI, R. (1996). *Distinguendo. Studi di teoria e metateoria del diritto*. Torino: Giappichelli.

GUASTINI, R. (1998). *Teoria e dogmatica delle fonti*. Milano: Giuffrè.

HÄGERSTRÖM, A. (1953). *Inquiries into the Nature of Law and Morals*, K. OLIVECRONA (Ed.), trad. de C.D. Broad. Stockholm: Almquist & Wiksell.

HARE, R. M. (1952). *The Language of Morals*. Oxford: Oxford University Press.

HART, H. L. A. (1961). *The Concept of Law*. Oxford: Oxford University Press.

HART, H. L. A. (1982). *Essays on Bentham*. Oxford: Oxford University Press.

HART, H. L. A. (1994). "Postscript. En H. L. A. Hart", *The Concept of Law* (second edition, P. A. BULLOCH & J. RAZ, Eds.) (pp. 238-276). Oxford: Oxford University Press.

HERNÁNDEZ MARÍN, R. (1998). *Introducción a la teoría de la norma jurídica*. Madrid: Marcial Pons.

HIMMA, K. E. (2002). "Inclusive Legal Positivism". En J. COLEMAN, S. J. SHAPIRO & K. E. HIMMA (Eds.), *The Oxford Handbook of Jurisprudence and Philosophy of Law* (cap. 4). Oxford: Oxford University Press.

HIMMA, K. E. (2003). "Making Sense of Constitucional Disagreement: Legal Positivism, the Hill of Rights, and the convencional Rule of Recognition in the United States". *Journal of Law and Society,* 42, 149-218.

HIMMA, K. E. (2005). "Final Authority To Bind With Moral Mistakes: On The Explanatory Potential of Inclusive Legal Positivism". *Law and Philosophy*, 24, 1-45.

HUME, D. (1978). *A Treatise of Human Nature* [1739-1740], L. A. SELBY-BIGGE & P. H. NIDDITCH (Eds.). Oxford: Oxford University Press.

HURLEY, S. (1990). *Natural Reasons*. Oxford: Oxford University Press.

KALINOWSKI, G. (1953). "Théorie des propositions normatives". *Studia Logica*, 1, 147-183.

KELMAN, M. (1987). *A Guide to Critical Legal Studies*. Cambridge, MA: Harvard University Press.

KELSEN, H. (1957). *What is Justice. Justice, Law, and Politic in the Mirror of Science*. Berkeley: California University Press.

KELSEN, H. (1960). *Reine Recthslehre*. Wien: Franz Deuticke.

KÖLBEL, M. (2003). Faultless Disagreement. *Proceeding of the Aristotelian Society*, 104, 53-73.

KUTZ, C. (2001). "The Judicial Community". *Nous. Philosophical Issues*, 11, 442-469.

LEIBNIZ, G. W. (1671). *Los elementos del derecho natural*, trad. de T. Guillén Vera. Madrid: Tecnos, 1991.

LÓPEZ DE SA, D. (2007a). "Presuppositions of Commonality. An Indexical Relativist Account of Disagreement (forthcoming)". En M. GARCÍA CARPINETERO & M. KÖLBEL (Eds.), *Relativizing Truth*. Oxford: Oxford University Press.

LÓPEZ DE SA, D. (2007b). "The Many Relativisms and the Questions of Disagreement (forthcoming)". En *International Journal of Philosophical Studies,* 15.

MacCORMICK, N. (1978). *Legal Reasoning and Legal Theory*. Oxford: Oxford University Press.

MARMOR, A. (1992). *Interpretation and Legal Theory*. Oxford: Oxford University Press.

MARMOR, A. (2006). "Legal Positivism: Still Descriptive and Morally Neutral". *Oxford Journal of Legal Studies*, 26, 683-704.

MARMOR, A. (2007). "The Nature of Law". En E. N. ZALTA (Ed.), *The Stanford Encyclopedia of Philosophy* (Spring 2007, Edition). Recuperado de http://plato.stanford.edu/archives/spr2007/entries/lawphil-nature/.

MARMOR, A. (Ed.) (1995). *Law and Interpretation*. Oxford: Oxford University Press.

MENZIES, P. & PETTIT, P. (1993). "Found: The Missing Explanation". *Analysis*, 53, 100-109.

MONGUIN, P. (2006). "Value Judgments and Value Neutrality in Economics". *Economica*, 73, 257-286.

MOORE, M. (1998). "Hart's Concluding Unscientific Postscript". *Legal Theory*, 4, 301-327.

MORESO, J. J. (1992). *La teoría del derecho de Bentham*. Barcelona: PPU.

MORESO, J. J. (2001a). "Principio de legalidad y causas de justificación (sobre el alcance de la taxatividad)". *Doxa*, 24, 525-545.

MORESO, J. J. (2001b). "El encaje de las piezas del Derecho (segunda parte)". *Isonomía*, 15, 165-192.

MORESO, J. J. (2002). "En defensa del positivismo jurídico inclusivo". En P. E. NAVARRO & M. C. REDONDO (comps.), *La relevancia del derecho. Ensayos de filoso-*

fía jurídica, moral y política (pp. 93-116). Barcelona: Gedisa.

MORESO, J. J. (2004). "Positivismo jurídico y aplicación del derecho". *Doxa*, 27, 45-62.

MORESO, J. J. (2005). "A Brilliant Disguise: Entre fuentes y lagunas". En F. ATRIA, E. BULYGIN, J. J. MORESO, P. E. NAVARRO, J. RODRÍGUEZ & J. RUIZ MANERO, *Lagunas en el Derecho* (pp. 185-203). Madrid: Marcial Pons.

MORESO, J. J. & NAVARRO, P. E. (1993). *Orden jurídico y sistema jurídico*. Madrid: Centro de Estudios Constitucionales.

MORISON, W. L. (1982). *John Austin*. Stanford, California: Stanford University Press.

NINO, C. S. (1994). *Derecho, moral y política*. Barcelona: Ariel.

PAULSON, S. L. (1992). "The Neo-Kantian Dimension of Kelsen's Pure Theory of Law'". *Oxford Journal of Legal Studies*, 12, 311-332.

PETTIT, P. (1996). "Postscript: A Common Mind in Three Senses". En PH. PETTIT, *The Common Mind. An Essay on Psychology, Society, and Politics* (segunda ed). Oxford: Oxford University Press.

PERRY, S. R. (1995). "Interpretation and Methodology in Legal Theory". En MARMOR 1995: cap. 3.

PERRY, S. R. (2001). "Hart's Methodological Positivism". En COLEMAN 2001: cap., 9.

PRIETO SANCHÍS, L. (1997). *Constitucionalismo y positivismo*. México: Fontamara.

POSTEMA, G. (1986). *Bentham and the Common Law Tradition*. Oxford: Oxford University Press.

PUTNAM, H. (2002). *The Collapse of the Fact/Value Dichotomy and Other Essays*. Cambridge, MA: Harvard University Press.

QUINE, W. v. O. (1953). "Two Dogmas of Empiricism". En W. v. O. QUINE, *From a Logical Point of View* (pp. 20-46). Cambridge, Mass., Harvard University Press.

RAZ, J. (1970). *The Concept of a Legal System*. Oxford: Oxford University Press.

RAZ, J. (1979). *The Authority of Law*. Oxford: Oxford University Press.

RAZ, J. (1986). *The Morality of Freedom*. Oxford: Oxford University Press.

RAZ, J. (1994). *Ethics in the Public Domain*. Oxford: Oxford University Press.

RAZ, J. (1999). "Notes on Value and Objectivity". En *Engaging Reason: On the Theory of Value and Action* (cap. 6). Oxford: Oxford University Press.

RAZ, J. (2001). "Two Views of the Nature of the Theory of Law: A Partial Comparison". En COLEMAN 2001: cap. 1.

RAZ, J. (2004). "Incorporation by Law". *Legal Theory*, 10, 1-17.

RAZ, J. (2007). "¿Puede haber una teoría del derecho?", trad. de R. Sánchez Brígido. En J. RAZ, R. ALEXY & E. BULYGIN, *Una discusión sobre teoría del derecho*. Madrid: Marcial Pons.

REDONDO, M. C. (1996). *La noción de razón para la acción en el análisis jurídico*. Madrid: Centro de Estudios Constitucionales.

ROBBINS, L. (1935). *An essay on the Nature and Significance of Economic Science* (2nd ed.). London: Macmillan.

ROBBINS, L. (1938). "Interpersonal Comparisons of Utility: A Comment". *The Economic Journal*, 48, 635-641.

RODRÍGUEZ, J. L. (2002). *La lógica de los sistemas normativos*. Madrid: Centro de Estudios Políticos y Constitucionales.

ROSS, A. (1958). *On Law and Justice*. London: Stevens & Sons.

RUMBLE, W. L. (1985). *The Thought of John Austin*. London: The Athlone Press.

SÁNCHEZ BRÍGIDO, R. (2007). *Groups, Rules and Legal Practice*. Oxford: doctoral thesis.

SEARLE, J. (1969). *Speech Acts. An Essay of Philosophy of Language*. Cambridge: Cambridge University Press.

SEARLE, J. (1995). *The Construction of Social Reality*. New York: Free Press.

SEN, A. (1967). "The Nature and Classes of Prescriptive Judgments". *The Philosophical Quarterly*, 17, 46-62.

SEN, A. (1970). *Collective Choice and Social Welfare*. San Francisco, CA: Holden-Day.

SEN, A. (1987). *On Ethics and Economics*. Oxford: Blackwell.

SEN, A. (1999). *Development as Freedom*. Oxford: Oxford University Press.

SEN, A. (2002). "The Possibility of Social Choice". En A. SEN, *Rationality and Freedom* (pp. 65-118). Cambridge, MA: Harvard University Press.

SEN, A. (2005). "Walsh on Sen after Putnam". *Review of Political Economy*, 17, 107-113.

SMITH, A. (1975). *The Theory of Moral Sentiments* [1759] (D. D. RAPHAEL & A. L. MACFIE, Eds.). Oxford: Oxford University Press.

SMITH, A. (1991). *An Inquiry into the Nature and Causes of the Wealth of Nations* [1776]. New Cork: Prometheus Books.

SMITH, A. (1978). *Lectures on Jurisprudence*, R. L. MEEK, D. D. RAPHAEL & P. G. STEIN (Eds.). Oxford: Oxford University Press.

SUMMERS, R. (1982). *Instrumentalism and American Legal Theory*. Ithaca, New York: Cornell University Press.

TARELLO, G. (1962). *Il realismo giuridico americano*. Milano. Giuffrè.

TARELLO, G. (1980). *L'interpretazione della legge*. Milano: Giuffrè.

TURÉGANO, I. (2001). *Derecho y moral en John Austin*. Madrid: Centro de Estudios Políticos y Constitucionales.

WALDRON, J. (2001). *Normative (or Ethical) Positivism*. En COLEMAN 2001: cap. 12.

WALUCHOW, W. J. (1994). *Inclusive Legal Positivism*. Oxford: Oxford University Press.

WALSH, V. (2000). "Smith after Sen". *Review of Political Economy*, 12, 5-25.

WALSH, V. (2003). "Sen after Putnam". *Review of Political Economyk*, 15, 315-394.

WEBER, M. (1967). "La ciencia como vocación". En M. WEBER, *El político y el científico* [1917], trad. de F. Rubio Llorente. Madrid. Alianza.

WILHELM, W. (1974). *Zur juristischen Methodenlehre im 19. Jahrhundert* [1958] (Frankfurt am Main: Vittorio Klostermann); trad. italiana de P. L. Lucchini: *Metodología giuridica nel secolo XIX*. Milano: Giuffrè.

WILLIAMS, B. (1985). *Ethics and the Limits of Philosophy*. London: Fontana Press.

WRIGHT, C. (1992). *Truth and Objectivity*. Cambridge, MA: Harvard University Press.

WRIGHT, C. (2001). "On Being a Quandary". *Mind*, 110, 45-98.

WRIGHT, G. H. v. (1951). "Deontic Logic". *Mind*, 60, 1-15.

WRIGHT, G. H. v. (1963). *Norm and Action. A Logical Enquiry*. London: Routledge & Kegan Paul.

POSITIVISMO JURÍDICO, RELATIVISMO MORAL Y LIBERALISMO POLÍTICO

I

En filosofía jurídica y política hubo un período, que ocupa buena parte del siglo pasado, en el cual se consideraba que no había realmente la posibilidad de la argumentación racional en moral (que no había espacio para la razón práctica)[1] y a la vez se postulaba una concepción del derecho, el positivismo jurídico, según la cual la identificación del derecho depende únicamente de la existencia de determinados hechos sociales (hechos de creación y eliminación, deliberadas o no, de normas) sin recurso alguno al razonamiento moral. Ambas posiciones conceptuales se consideraban de algún modo, a menudo no claramente explicitado, vinculadas al liberalismo político y a la democracia, es decir, a un modo de gobernar las sociedades humanas fundado en la igual libertad de todas las personas, respetuoso con su autonomía

---

1 PHILIP PETTIT (1993: 8), con afortunada expresión, lo denomina "el período del silencio prolongado".

y con su capacidad de autogobernarse. Esta fue la
posición de pensadores tan influyentes como Hans
Kelsen, Alf Ross y (con algunas dudas acerca del alcance preciso de sus convicciones metaéticas) H. L. A.
Hart y Norberto Bobbio: cuatro de los más grandes
iusfilósofos del siglo pasado.

Esta posición es ahora minoritaria en la cultura anglosajona (aunque tal vez pueda atribuirse a autores
como Jeremy Waldron (1998) o Brian Leiter (2009),
a veces como un mero corolario del escepticismo en
moral), pero sigue estando ampliamente extendida
en la cultura jurídica italiana o española (Michelangelo Bovero, 1999; Riccardo Guastini, 1996; Eugenio
Bulygin, 2006, y Luis Prieto Sanchís, 1996, por ejemplo). Que es minoritaria en la cultura anglosajona
puede evidenciarse con dos ejemplos de la literatura
reciente. Uno de sus defensores, aunque de un modo
cualificado de relativismo, comienza su último libro
del siguiente modo (Wong, 2006: XI): "'Moral relativism' is overwhelmingly a term of condemnation,
frequently of scorn or derision, a term for putting
one's proponent immediately on the defensive: 'You
sound like a relativist –explain yourself!' or 'You are
a relativist –shame on you!'". Y, por otro lado, en la
contribución reciente más relevante a la normatividad
de las razones y los valores su autor escribe (Parfit,
2011: 155): "But it *would* be a tragedy if there was no
single true morality".

En este texto, trataré de mostrar que no hay ningún
tipo de vinculación conceptual entre el relativismo
ético, el positivismo jurídico y el liberalismo político

y la democracia. Para hacerlo, comenzaré con propo-
ner algunas definiciones que, como siempre sucede,
tendrán el sabor de lo estipulativo; pero confío en
que los *definienta* recojan la mayoría de nuestras in-
tuiciones y presupuestos respecto de los *definienda*.

II

Comencemos con la distinción entre las concepciones
iusnaturalistas y las concepciones iuspositivistas. El
iusnaturalismo puede ser caracterizado por las dos
tesis siguientes:

TIN1: Hay un conjunto privilegiado de principios
(o valores, razones, pautas) morales válidos con
independencia de cualquier contexto (de las creencias y deseos de los seres humanos en cualesquiera
circunstancias).

TIN2: Las normas positivas contrarias a alguno de
los principios referidos en TIN1 no son jurídicamente válidas.

Algunas aclaraciones son precisas en relación con
estas tesis. En relación con TIN1 quiero destacar tres
precisiones: 1) Tal vez, como la tradición iusnaturalista destacaba, este conjunto no agota el ámbito de
la moralidad, sino sólo aquella parte que se refiere
a la vida de las personas en sociedad, sólo aquella
referida a la virtud de la justicia; 2) no se prejuzga
aquí ni la naturaleza ontológica ni la semántica de

los elementos de este conjunto privilegiado, la tesis es compatible con un amplio abanico de posiciones metaéticas[2]; y 3) por último, y en relación con la conjunción de ambas tesis, debe quedar claro que dichas tesis no constituyen una definición de derecho. Establecen una condición necesaria para que una norma sea jurídicamente válida, pero insuficiente. Los defensores de la doctrina del Derecho Natural siempre añadieron a dichas tesis aquella tesis de que son normas jurídico-positivas las dictadas por las autoridades humanas que no son contrarias al Derecho Natural. Es por esta razón que Alf Ross (1991: 21) sostuvo que antes de preguntarnos sobre la validez moral de las normas de un orden jurídico determinado "es necesario saber cuáles son las reglas de este orden, es decir, debemos tener una descripción del mismo en tanto que hecho observable".

Podemos ahora considerar iuspostivistas aquellas teorías que rechazan alguna de estas tesis, o ambas. Si alguien rechaza TIN1, entonces también rechaza TIN2; pero alguien puede rechazar TIN2 y, en cambio, aceptar TIN1. Otro modo de decirlo es el siguiente: la segunda tesis *presupone* la primera tesis, es decir, aceptar que las normas contrarias al Derecho Natural son inválidas presupone que hay un Derecho Natural; de modo análogo, a que la aceptación de

---

2   He defendido una convergencia en un objetivismo moral *mínimo* entre diversas metaéticas (realistas o constructivistas) en Moreso (2009a: ensayo 2).

que el rey de Francia es calvo supone que hay un
rey en Francia. Si no hay rey en Francia, entonces la
afirmación de que es calvo o bien es falsa o bien no
es ni verdadera ni falsa. Si no hay un conjunto privilegiado de normas morales válidas al margen de
cualquier contexto, entonces la tesis TIN2 es o bien
falsa o bien ni verdadera ni falsa (algunos dirían
carente de sentido)[3].

Sea como fuere, parece que para ser iuspositivista
basta con rechazar TIN2. Muchos iuspositivistas (como Hans Kelsen o Alf Ross) rechazaron la segunda
tesis porque rechazaron la primera, efectivamente.
Pero hubo otros que no, entre los cuales tal vez des-
taca John Austin, quien sostenía, como es sabido, que
una cosa es el derecho y otra su mérito o demérito
(Austin, 1995: 157), pero consideraba que había un
derecho divino, por encima de los derechos positi-
vos. Si se rechaza TIN2 y se acepta, en cambio, TIN1,
entonces, ha de ser claro, la validez que se predica de
las normas jurídicas ha de ser distinta de la validez
que se predica de las normas morales; en particular,
la validez jurídica no ha de comportar obligatoriedad
o fuerza normativa por sí misma[4].

---

3 Una noción de presuposición como esta estaba implícita en los
   análisis de RUSSELL y STRAWSON de las descripciones definidas.
   Puede verse RUSSELL (1905) y STRAWSON (1950).
4 Espero que esta aclaración sirva de respuesta a una objeción
   formulada en el seminario turinés por POALO COMANDUCCI, de
   quien quedo en deuda. Una respuesta completa a su objeción
   requeriría un argumento más refinado.

Es precisamente la TIN2 la que establece la tan traída y llevada conexión necesaria entre el derecho y la moral, puesto que la validez de todas las normas jurídicas depende de su adecuación a la moral. Las relaciones modales entre dos conceptos pueden ser de tres tipos: necesarias, imposibles o contingentes. O sea que a los iuspostivistas les quedan todavía dos modos de rechazar TIN2: o bien sostienen que la conexión entre el derecho y la moral es imposible o bien sostienen que es contingente[5].

Si por moral se entiende el conjunto privilegiado de pautas válidas con independencia de cualquier contexto, entonces puede sostenerse que la relación es imposible por, al menos, dos razones: porque no existe dicho conjunto privilegiado de pautas morales[6] o bien porque algún rasgo del Derecho hace que su identificación sea incompatible con cualquier consideración moral[7]. La relación de imposibilidad, sea por la razón que fuere, suele asociarse con el denominado *positivismo jurídico excluyente*. La relación

---

5   He argüido de este modo en MORESO (2009a: ensayo 1), donde retomaba las ideas expresadas en MORESO (2004).

6   Esta es la posición de los iuspositivistas escépticos en materia moral. Véase, por todos, la paradigmática posición de EUGENIO BULYGIN (2006).

7   Este rasgo es, para JOSEPH RAZ, la pretensión de autoridad y funda así el denominado positivismo jurídico excluyente. Una reciente defensa de este punto de vista en el contexto de una panorámica general sobre el iuspositivismo se halla en RAZ (2007).

de contingencia, que obviamente presupone la existencia del conjunto privilegiado de pautas morales válidas, considera que el derecho positivo puede o no incorporar las consideraciones morales. Se trata del *positivismo jurídico incluyente* que acostumbra a señalar los sistemas de constituciones rígidas, con declaración de derechos y control jurisdiccional de la constitucionalidad, como ejemplos de sistemas jurídicos que incorporan consideraciones morales[8].

Veamos, ahora, algunas definiciones de metaética. A menudo, aquellas posiciones que rechazan la existencia de un conjunto privilegiado de pautas morales se autodenominan *escépticas, relativistas* o *no-cognoscitivistas*. De todos modos, creo que es conveniente distinguir entre estas tesis (a pesar de que haya entre ellas relaciones conceptuales, como es obvio). Propongo las siguientes definiciones:

> DEM (definición del escepticismo moral): No hay un modo justificado de acceder al contenido de un conjunto privilegiado de pautas morales válidas.

Puede que no lo haya por razones ontológicas, porque no existen dichas pautas o puede que por razones epistémicas; si lo hay, nosotros no tenemos una manera confiable de acceder a él.

---

8   Véase WALUCHOW (1994). Mi propia posición a favor está en favorable en MORESO (2001).

DRM (definición del relativismo moral): Hay varios conjuntos de pautas morales, válidas según el contexto de evaluación en el que se sitúen.

Vale la pena señalar que el contexto de evaluación puede venir dado por las creencias y actitudes de una persona en concreto (Nelson Mandela o Robert Mengele), por las creencias y actitudes de un grupo humano determinado (los cartagineses de los tiempos de Aníbal o los actuales kikuyos de Kenia) o por las tesis que sostienen diversas teorías morales (el utilitarismo, la moral kantiana, la moral aristotélica, etc.). No se trata de una tesis descriptiva, entonces sería trivialmente verdadera; sino de una tesis conceptual: hay varios conjuntos de pautas morales y no hay criterios para elegir entre ellos.

DNCM (definición de no-cognoscitivismo moral): Los juicios morales no son aptos para la verdad y la falsedad.

El objetivismo moral asumido por la primera tesis iusnaturalista, TDN1, se compromete con la existencia de ese conjunto privilegiado de pautas morales, TDN1 es una tesis ontológica entonces:

OMTO (la tesis ontológica del objetivismo moral): Hay un conjunto privilegiado de principios (o valores, razones, pautas) morales válidos con independencia de cualquier contexto (de las creencias y deseos de los seres humanos en cualesquiera circunstancias).

Merece la pena insistir en el hecho de que este compromiso ontológico es mínimo: es compatible con que esas pautas sean aquellas que elegirían personas en determinadas condiciones ideales, por ejemplo, y no suponen necesariamente la asunción de ninguna metafísica de entidades no-naturales.

El objetivismo moral contiene también una tesis epistémica:

OMTE (la tesis epistémica del objetivismo moral): Los seres humanos disponemos de acceso epistémico confiable a este conjunto privilegiado de pautas morales válidas.

También esta tesis es compatible con multitud de epistemologías diversas para la moral (intuicionistas, constructivistas, etc.).

Por último, la tesis semántica del objetivismo moral:

OMTS (la tesis semántica del objetivismo moral): Los juicios morales son aptos para la verdad y la falsedad.

También en este caso debemos ser cautelosos. Para algunos el conjunto de pautas morales está integrado por descripciones de alguna especie de mundo moral y, entonces, los juicios morales son verdaderos o falsos según se correspondan o no con ese mundo. De este modo, decir que torturar a los niños para divertirse es incorrecto moralmente es verdadero porque la incorrección es un predicado que la acción de torturar a los niños para divertirse posee. Para otros, en cambio, el conjunto de pautas morales está integrado por normas, expresiones imperativas, que no son ni verdaderas ni falsas. Para estos, decir que torturar a los niños para divertirse es incorrecto moralmente es verdadero porque pertenece al conjunto que privilegia una norma que prohíbe torturar a los niños para divertirse. Esto es, para los que conciben las pautas morales como prescripciones, los juicios morales son como proposiciones normativas cuya verdad depende de la pertenencia al conjunto privilegiado de determinadas normas.

Entonces, tal vez, el relativismo moral es la negación directa de la tesis ontológica del objetivismo moral. El escepticismo es la negación de la tesis epistémica del objetivismo. Y el no-cognoscitivismo es la negación de la tesis semántica del objetivismo moral. Y, también de un modo tentativo, lo que caracteriza la posición de filósofos del derecho como Bulygin o Guastini es el relativismo moral: no hay un conjunto privilegiado de pautas morales, sino múltiples que dependen de cada contexto; por lo que no puede haber un acceso epistémico confiable a dichas pautas y, por lo tanto, no hay algo como juicios morales absolutamente verdaderos, sino sólo juicios morales verdaderos relativamente a un determinado contexto de evaluación.

Termino con algunas tesis de ética normativa –de filosofía política en realidad–, puesto que algunas veces se sostiene, como hemos dicho, que dichas tesis suponen el rechazo del objetivismo moral. Se trata de

lo que podemos denominar la tesis del liberalismo
político y la tesis de la democracia:

TLP (la tesis del liberalismo político): Los seres humanos son autónomos, libres e iguales y, por lo
tanto, las instituciones políticas deben organizarse
de modo que respeten y honren un conjunto de derechos (pongamos los de la Declaración de Naciones
Unidas de 1948) que permiten a los seres humanos
desarrollar su autonomía.

Es obvio que esta tesis está expresada de modo deliberadamente genérico, con el objetivo de que abrace
las diversas concepciones del liberalismo político.
Está expresada con la esperanza de captar el núcleo
común de dicha doctrina política.

TD (la tesis de la democracia): El modo de tomar las
decisiones públicas (que afectan a todos) debe ser tal
que tome en cuenta la voluntad de todos y cada uno
y, en concreto, debe mostrar un grado de deferencia
elevado a la voluntad de la mayoría.

Se usa aquí la expresión "grado de deferencia elevado" por dos razones: para evitar introducir aquí un
debate sobre las virtudes y defectos de los diversos
sistemas electorales y por no prejuzgar el modo
institucional en el que la voluntad de la mayoría
ha de estar sujeta al respeto de los derechos básicos
de todos.

III

Podemos ahora preguntarnos si, en algún sentido, las tesis del liberalismo político y la democracia (TLP y TD) presuponen conceptualmente el relativismo moral (DRM), o lo que es lo mismo, el rechazo de la tesis del objetivismo moral (OMTO) y, por lo tanto, del iusnaturalismo (TIN1). Así comprendida, la tesis del relativismo moral es una tesis metaética y, por lo tanto, de carácter conceptual. En cambio, las tesis del liberalismo político y de la democracia son tesis normativas, que dicen cómo debemos organizar las sociedades humanas. Parece entonces obvio que de una tesis conceptual no es posible obtener ninguna consecuencia normativa. Al menos para aquellos que no quieran violar la ley de Hume y, según creo, entre los defensores de la relación entre relativismo moral y liberalismo democrático no abundan los que están dispuestos a violar de modo tan flagrante la ley de Hume.

Es posible interpretar de otro modo la tesis del relativismo moral. Se trata de interpretarlo como una tesis normativa, algo como: "Es erróneo imponer los propios juicios morales a aquellos que tienen diferentes valores sustantivos, dado que sus valores son tan válidos como los nuestros"[9]. Es obvio que esta posición está en tensión con el liberalismo político

---

9   Véase, por ejemplo, LONG (2011: 313), quien comenta la noción de relativismo de WONG (1984).

y la democracia. No tenemos mejores razones para
honrar y respetar los derechos humanos que los que
creen que no deben ser honrados ni respetados. Esta
posición extiende la tolerancia liberal hasta colapsar-
la. Por lo tanto, el liberalismo político no presupone
el relativismo moral en sentido normativo.

En consecuencia, ninguno de los sentidos del relativismo, ni el metaético ni el ético, está presupuesto
por la tesis normativa del liberalismo político o de
la democracia.

IV

Alguna vez se sugiere que no se trata de un presupuesto conceptual, sino de algo como una implicación
pragmática, algo como una implicatura conversacional, en el sentido en el que Grice introdujo esta idea
en la filosofía contemporánea del lenguaje (Grice,
1975, 1981).

Ahora bien, de lo que queda conversacionalmente
implicado, podemos legítimamente preguntarnos,
¿es la tesis normativa o la tesis conceptual? La tesis
normativa no puede ser porque termina siendo incompatible con el liberalismo político. Quiero decir
que el liberalismo político contiene una posición normativa incompatible con otras posiciones normativas.
Desde el punto de visto normativo, el liberalismo
político no es neutral, sino que toma partido.

Nos queda sólo la tesis conceptual, algo como que
los que aceptan el liberalismo político comparten el
presupuesto del relativismo metaético. No sé muy

bien cómo replicar a esta última versión. Histórica-
mente es cierto que algunas formas especialmente
robustas de absolutismo moral y político han sido
defendidas desde un modo particular de comprender
el objetivismo en moral y han sido impuestas por la
fuerza vulnerando los principios del liberalismo político (la Inquisición en nombre de la moral católica,
el nazismo en nombre de la raza y la patria, etc.). Es
verdad, también, que la lucha contra la tiranía ha
sido a menudo apoyada por concepciones que es-
taban convencidas de tener la razón de su parte, de
que tenían mejores razones, y no sólo intereses, que
el tirano. Creo que se trata de aspectos contingentes.
Cuando el objetivismo moral es asociado con doctrinas antiliberales, entonces –es obvio– los liberales
tienden a rechazarlo[10]. Ahora bien, las defensas recientes más robustas del liberalismo político no son
relativistas, baste pensar en John Rawls[11].

V

El propósito de este texto es modesto: sólo trata de
dar razones para rechazar las vinculaciones conceptuales entre el liberalismo político y la democracia,

---

10 Esta es la posición de KELSEN defendida, como es sabido, en
   KELSEN (1929, 1957 y 1965).
11 Lo que RAWLS pretende, como es sabido, es construir un marco
   –el liberalismo político– en el que quepan todas las doctrinas
   comprehensivas y *razonables*. Esto, es claro, comporta excluir
   las doctrinas *irrazonables*. RAWLS (1993: lecture IV).

por un lado, y el relativismo ético y el positivismo jurídico, por otro.

Creo también, pero no trataré de mostrarlo aquí, que el liberalismo político y la democracia necesitan comprometerse con un objetivismo moral mínimo. De no hacerlo así, los desacuerdos acerca de cuáles son nuestros derechos, de si es correcto establecer la censura previa o condenar a muerte a los que no piensan como la mayoría, devienen desacuerdos irresolubles. Los desacuerdos en moral y en política serían como los desacuerdos en materia del gusto y *de gustibus non est disputandum*. Antes de aceptar tan amarga conclusión merece la pena –se trata de un desafío filosófico en su sentido más genuino– tratar de mostrar las vías para la justificación racional de los juicios morales, y, de este modo, mostrar que es posible una concepción *filosófica* de los desacuerdos morales distinta de la concepción de los desacuerdos en cuestiones del gusto[12]. Tal vez con un enfoque semejante al que John Rawls usa para vindicar la objetividad de los juicios en la moral kantiana (Rawls, 2000: 245): "Decir que una convicción moral es objetiva, entonces, es decir que hay razones suficientes para convencer a todas las personas razonables de que es válida o correcta".

---

12 Algo que intenté en MORESO (2009b).

REFERENCIAS

AUSTIN, J. (1995). *The Province of Jurisprudence Determined*, [1832], W. RUMBLE (Ed.). Cambridge: Cambridge University Press.

BOVERO, M. (1999). "Introduzione". En N. BOBBIO, *Teoria generale della política*. Torino: Einaudi.

BULYGIN, E. (2006). *El positivismo jurídico*. México: Fontamara, 2006.

GRICE, H. P. (1975). "Logic and conversation". En P. COLE & J. L. MORGAN (Eds.), *Syntax and Semantics, 3: Speech Acts* (pp. 41-58). New York: Academic Press.

GRICE, H. P. (1981). "Presupposition and conversational implicature". En P. COLE (Ed.) (pp. 183-198). *Radical Pragmatics*. New York: Academic Press.

GUASTINI, R. (1996). *Distinguendo. Studi di teoria e metateoria del diritto*. Torino: Giappichelli, 1996.

KELSEN, H. (1929). *Vom Wesen und Wert der Demokratie* (2nd ed.). Tübingen: J.C.B. Mohr, Paul Siebeck.

KELSEN, H. (1957). *What is Justice? Justice, Law and Politics in the Mirror of Science*. Berkeley: California University Press.

KELSEN, H. (1965). "Foundations of Democracy". *Ethics*, 66, 1-101.

LEITER, B. (2009). "Moral Skepticism and Moral Disagreement in Nietzsche". *Chicago Public Law and*

Legal Theory. Working Paper n. 257 (January). Recuperado de http://www.law.uchicago.edu/files/files/pl257.pdf.

LONG, G. M. (2011). "Relativism in Contemporary Liberal Political Philosophy". En S. D. HALES (Ed.), *A Companion to Relativism* (pp. 309-325). Oxford: Blackwell.

MORESO, J. J. (2001). "In Defense of Inclusive Legal Positivism". En P. CHIASSONI (Ed.), *Legal Ought* (pp. 37-64). Torino: Giappichelli.

MORESO, J. J. (2004). "Positivismo jurídico y aplicación del derecho". *Doxa*, 27, 45-62.

MORESO, J. J. (2009a). *La Constitución: modelo para armar*. Madrid: Marcial Pons.

MORESO, J. J. (2009b). "Una (relativa) refutación del relativismo moral". *Analisi e Diritto*, 89-97.

PARFIT, D. (2011). *On What Matters* (vol. 2). Oxford: Oxford University Press.

PETTIT, PH. (1993). "The Contribution of Analytical Philosophy". En R. E. GOODIN & PH. PETTIT (Eds.), *A Companion to Contemporary Political Philosophy* (pp. 7-38). Oxford: Blackwell.

PRIETO SANCHÍS, L. (1996). *Constitucionalismo y positivismo*. México: Fontamara.

RAWLS, J. (1993). *Political Liberalism*. New York: Columbia University Press.

RAWLS, J. (2000). *Lectures on the History of Moral Philosophy* (pp. 243-247). Cambridge, MA: Harvard University Press.

RAZ, J. (2007). "The Argument from Justice, or How Not to Reply to Legal Positivism". En G. PAVLAKOS (Ed.), *Law, Rights and Discourse: The Legal Philosophy of Robert Alexy* (pp. 17-36). Oxford: Hart Publishing.

ROSS, A. (1991). "El concepto de validez y el conflicto entre el positivismo jurídico y el Derecho Natural [1961]". En ALF ROSS, *El concepto de validez y otros ensayos* (pp. 9-32). México: Fontamara.

RUSSELL, B. (1905). "On Denoting". *Mind*, 14, 479-493.

STRAWSON, P. F. (1950). "On Referring". *Mind*, 59, 320-344.

WALDRON, J. (1998). "Moral Truth and Judicial Review". *American Journal of Jurisprudence*, 43, 75-97.

WALUCHOW, W. J. (1994). *Inclusive Legal Positivism*. Oxford: Oxford University Press.

WONG, D. B. (1984). *Moral Relativism*. Berkeley: University of California Press.

WONG, D. B. (2006). *Natural Moralities*. Oxford: Oxford University Press.

www.ingramcontent.com/pod-product-compliance
Lightning Source LLC
Chambersburg PA
CBHW061146220326
41599CB00025B/4376